第 2 版

民主法治與公民素養

呂 雄・李岳牧・蔡德欽｜編著

SECOND EDITION

國家圖書館出版品預行編目資料

民主法治與公民素養 / 呂雄, 李岳牧, 蔡德欽編著. — 二版. — 新北市：新文京開發, 2018.09
　　面 ；　公分

ISBN　978-986-430-447-9（平裝）

1. 民主政治　2. 法治　3. 公民教育

571.6　　　　　　　　　　　　　　　107014513

民主法治與公民素養（第二版）　　（書號：E370e2）

編 著 者	呂雄　李岳牧　蔡德欽
出 版 者	新文京開發出版股份有限公司
地　　址	新北市中和區中山路二段 362 號 9 樓
電　　話	(02) 2244-8188（代表號）
F A X	(02) 2244-8189
郵　　撥	1958730-2
初　　版	西元 2010 年 09 月 06 日
二　　版	西元 2018 年 09 月 10 日

二版序
Preface

　　本書從民國九十九年出版至今已有八年了，筆者除了感謝讀者的愛護與支持外，也傾聽到讀者的建議，遂於再版時進行修訂增補。筆者還是一本初衷，維持良好的內容品質與低廉的價格，回饋廣大的讀者，以感謝讀者的厚愛。

　　本書除了將初版的一些錯別字修正外，也因應社會時勢的變化與學界理論潮流之趨向，增加一些章節項目的內容，以響應讀者求知的興趣，如在第壹篇、第一章、第二節「多數民意之治的神話」內，增加「肆、濟助代議民主缺失之道：一、審議式民主；二、公民投票和公民複決」的部分。在第壹篇、第二章、第二節「法治觀念之學理概述」內，增加「參、公民不服從」的部分。

　　另外，在初版部分內容，因有些專有名詞的出現，在本文中未作解釋，筆者原認為學生應該知曉的，但在實務教學過程中，發現他們並不明白，故在修訂增補版中加上註釋，方便讀者理解。例如，在第壹篇、第一章、第二節「多數民意之治的神話」「壹、多數意見未必確保選舉勝利」中，有提到美國的「少數總統」(Minority President)，在修訂增補版中加上註釋，以便於了解；在第貳篇、第三章、第二節「國際環境法的目的和性質」中「參、環境權」的部分，增加了「原住民（族）(indigènes, indigenous)」的定義。

　　以上例舉的修正補充部分，只是一小部分，實際上的增修遠比上述為多。然筆者才疏學淺，雖極盡改進之能事，仍不免有疏漏之處，尚祈賢達先進指正是幸，再次感謝讀者的關愛與照顧。

呂　雄　謹誌

初版序
Preface

　　本書共分為兩篇，第一篇是「民主法治」篇，由於內容非常明確，故筆者以第一章、民主制度，第二章、法治的重要思維與學理，第三章、人權理念，為其內涵。第二篇是「公民素養」篇，其內容就足勘玩味與審酌。

　　「公民素養」中的「公民」(Civil)一詞，乃指作為國家主人之資格，有別於僅具國籍之國民身分者。於國民中，年滿二十歲，無其他消極條件，具有參政權之資格，得以行使選舉權者始得謂之「公民」(Citizen)，何以名為 "Citizen"，緣有權與聞國事者居城之中，故謂「市民」，有別於城外非自由民。這樣的解釋是毫無疑異的。

　　「公民素養」中的「素養」一詞，根據《新編國語日報辭典》解釋為：「平日的修養」。又依《辭海》解釋「修養」一詞：「謂陶練身心也。其義蘊與範圍，皆較教育為深長廣大，包含舉止、儀貌、藝能、情意諸端，且含自動之意為多」。準此，「素養」的綜合意涵是：「思想、容儀因教育俱達完善之境」。此處的「容儀」有「外在的行為舉止與儀態」之意。由此可知，「素養」要經過教育的過程而達到此總體修養的目的。換言之，「教育」是過程，「素養」是標的。因此，「公民素養」與「公民教育」實為一體之兩面。

　　公民素養的課程內容應涵蓋哪些項目？才算是一個比較完整的培育課程。在《網路論壇：教育部全球資訊網》中，教育部所指定的第一個中心議題就是：「現代公民素養培育」。在這個中心議題下又設六項子議題：(一)生命與品德教育；(二)人權、性別平等與法治教育；(三)資訊科技與媒體素養；(四)生態與環境教育；(五)安全與防災教育；(六)藝術與美感教育。

國立台北大學「師資培育中心」所開設的「現代公民素養課群」，其課程講授科目包括：(一)人權教育；(二)生命教育；(三)道德教育；(四)教育哲學；(五)教育概論；(六)科技與現代生活；(七)環境教育。

　　從上述兩機構對公民素養的課程內容比對，再扣除「教育哲學」、「教育概論」課程（因為本書教學目標是設定在「通識教育」的課程，而非「師資培育」課程），可得知作為「通識教育」的公民素養課程內容涵蓋項目有：(一)民主與法治教育；(二)人權、性別平等教育；(三)生命教育；(四)道德教育（或品德教育）；(五)科技與現代生活；(六)資訊科技與媒體素養；(七)生態與環境教育；(八)安全與防災教育；(九)藝術、哲學（或美學）教育。

　　本書第一篇已介紹有關民主、法治與人權的知識內涵，於第二篇再為閱者諸君提供「生命教育與品德教育（或道德教育）」、「國際禮儀」以及「生態環境保護」的相關知識。

呂　雄 謹誌

編著者簡介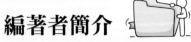
About the Authors

呂　雄

學歷：法國「巴黎第二大學」國家文憑法律博士

經歷：考試院考選部外交領事特考及格，曾任外交官

　　　台北市選舉委員會選監小組常任委員

　　　社團法人中華人權協會「人權教育宣導及培訓委員會」副主任委員

　　　淡江大學區域研究中心專任助理研究員暨講師

　　　清雲科技大學專任助理教授

　　　國立台北商業技術學院兼任副教授

　　　致理技術學院兼任副教授

現職：景文科技大學財務金融系專任副教授

著作：生命教育概論、民主法治與公民素養

科技部專題研究計畫：〈歐洲議會之人權作為對中歐關係的影響〉，國科會計畫編號：NSC 91-2414-h-231-001，民國91年7月1日國科會核准，民國92年8月31日已完成結案報告。

　　　　　　　　　　〈預立遺囑—生命學與法學對話下之競合產物〉，國科會計畫編號：NSC 101-2410-h-228-003，民國101年8月1日國科會核准，民國102年9月20日已完成結案報告。

李岳牧

學歷：香港珠海大學博士

經歷：景文科技大學通識教育中心助理教授兼任憲法與國家發展組召
　　　集人

　　　行政院海岸巡防署署長室簡任祕書

　　　景文科技大學通識教育中心專任講師

　　　國立空中大學兼任講師

　　　中華科技大學財金系兼任講師

　　　德霖技術學院兼任講師

　　　立法院法案助理

著作：中華民國憲法釋義、認識中華民國憲法、法律制度與生活、
　　　商事法

現職：景文科技大學應用外語系專任助理教授

　　　中華民國仲裁協會仲裁人

蔡德欽

學歷：香港珠海大學歷史研究所博士

　　　東吳大學政治所碩士

　　　東吳大學政治系學士

經歷：屏東縣立萬巒國民中學公民科教師

　　　國立屏東商業技術學院兼任講師

　　　國立屏東教育大學兼任助理教授

　　　輔英科技大學學務處課外組組長

　　　輔英科技大學專任講師

現職：輔英科技大學幼兒保育暨產業系專任助理教授

目錄
Contents

第**壹**篇

民主、法治與人權

第 1 章

民主政治制度

1
Chapter

第一節

民主的概念

壹、民主的字義

「民主（政體、制度、主義）」(Democracy, *Démocratie*)一詞來自古希臘文 "*Demokratia*"，它是西方文明的產物。十六世紀出現在英語中的 "*Democracy*" 是源自法文 "*Démocratie*"。希臘文 "*Demokratia*" 的字首 "*demos*" 有「人民」的意思，而字根 "*Kratos*" 有「統治」的意思。因此，民主政治是意味著一種政府的形成，它是與君主制和貴族制截然不同，乃意指人民的統治。民主政治伴隨著一種狀態，即在人民之中存在某種形式的政治平等。[1] 根據法文辭典《Le Petit Larousse》對 "*Démocratie*" 解釋：「一種政治體制，在此種制度中，由人民行使自己的主權，無需經由一個代表機構作為中介（直接民主），或透過居間代表來行使人民的主權（代議制民主）。」[2]

在《世界辭典百科全書》(World Encyclopedia)中，對「民主」(Democracy)作如下解釋：「一種政府形式、生活方式、或一種目標與理想。原意為由人民統治，林肯則描述其為『民有、民治、民享』的政府。民主政治中的公民可能透過直接或間接的方式參與政府事務，在直接民主中，人民可以齊集一處舉行會議，以決定眾人之事，這種制度僅

---

1. David Held原著，李少軍、尚新建譯，《民主的模式》(Models of Democracy)，台北市，桂冠圖書股份有限公司，1995年，初版一刷，頁2。

2. Régime politique dans lequel le peuple exerce sa souveraineté lui-même, sans l'intermédiaire d'un organe représentatif(démocatie directe)ou par pepprésentants interposé(démocatie représentative).請參閱：《Le Petit Larousse》, nouvelle éd., Paris, Larousse, 1996, P. 322.

存於古代雅典城邦。現代意義的民主為代議民主，因全國幅員廣大，人口眾多，全國人民不可能聚首一堂，共同直接運用主權，以決定全民有關的複雜事務，只好選出代表和官員，授權給他們依某些基本程序來處理眾人之事，這種間接透過代表來控制政府的制度，稱為代議政府。民主的生活方式肯定所有個體的尊嚴與平等，不因種族、宗教、社會地位的不同而有所歧視，它保證法律前的平等，以及言論、出版與宗教的自由。民主社會是使人民有充分發揮其能力的機會。實際上的民主與理想上的民主多少有點距離，一個國家是否民主，端視其符合民主理想原則的程度。當今世界上所有的國家都宣稱自己是民主國家，但事實上部分國家仍實行極權統治，如前蘇聯、中共、越南或北韓等的共產主義國家。」[3]

貳、民主政治之本質 — 代議制

實施民主政治的國家，政府權力來自人民，政府實施要以人民之同意為基礎。所謂人民，可以是人民全體，也可以是人民的三分之二或過半數，由各國按其國情來決定，但就一般來說，現在多數民主國家都採用公民過半數決定的原則[4]。

但民主政治不可避免產生議會，以匯集民意及解決公共事務。所以有人說，民主政治實際就是議會政治，蓋民主政治主要運作之一乃在於議會之中也。另外，政府權力既然以人民之同意為基礎，同意又多以投票方式來表示，從法制上看，各種選舉都以獲得多數票者勝，在議會之表決，亦以多數為通過。

3. 世界辭典百科全書編輯委員會，《世界辭典百科全書》(World Encyclopedia)第八冊，台北市，中視文化公司、中國百科出版社，1997年，初版，頁2833。
4. 參閱：王雲五主編，《雲五社會科學大辭典》，台北，台灣商務印書館，民國七十一年，第三冊，頁85-86，「民主」條。

○ 從法制上看，各種選舉都以獲得多數票者勝。

所以一般人即以為民主政治即是多數民意之治，許多政治之書籍亦以「多數之治」解釋民主政治。比如一九六五年出版的《韋氏新國際字典》(Webster's New international Dictionary)中「民主」一詞的定義就以「多數統治」作解釋[5]。然如深入觀察事實，恐非如此之簡單。本文即是對所謂「多數決原則」即為「多數民意之治」的觀念，提出進一步的探討。

實施民主政治的國家，立法權是表現人民意志的一種權力。此種權力如由人民自己行使者，稱為「直接立法」，也就是「直接民主」。此

5.　傅家雄，《民主憲政與發展》，台北縣，華立圖書股份有限公司，2007年10月，二版1刷，頁13。筆者手邊沒有誠如傅家雄教授所說的一九六五年出版的《韋氏新國際字典》(Webster's Third international Dictionary)，筆者只有《英英、英漢國際大辭典》(International Dictionary English Through English, English-Chinese)，〔台北市，大中國圖書公司，民國67年9月，再版〕。該辭典是節選《韋氏新國際字典》(Webster's New international Dictionary)內容，並以英英、英漢解釋。傅家雄教授所寫的《韋氏新國際字典》(Webster's **Third** international Dictionary)，英文夾註似乎有錯誤，其中 "**Third**" 應改正為 "**New**"。在《英英、英漢國際大辭典》，頁395。對 "democracy" 作如下解釋：(1)Government by the people，民主政治；a form of government in which the supreme power is retained and directly exercised by the people，主權在民或由人民直接行使主權之政體。(2)Government by the popular representation，平民代議政治；a form of government in which the supreme power is retained by the people, but is indirectly exercised through a system of representation and delegated authority periodically renewed, 代議政體（主權集於國民，惟以經代議制以定期選舉出之代表，受人民委託間接行使此權）。(3)Collectively, the people, regarded as the source of government, 政治所從出之全體國民之總稱。從這辭典對「民主」的敘述，似乎沒有傅家雄教授所說：「《韋氏新國際字典》中『民主』一詞的定義就以『多數統治』作解釋」。

種情形，人民不需要找人作代表，而是親自參與立法議事，當然就無所謂的「代議士」，代議民主也就不存在。[6]

然而，今日一般國家廣土眾民，社會分工趨密，眾人之事亦紛然雜陳，不但利益複雜，人們亦少閒暇，要全國人民眾首一堂，共同議定複雜的大計小事，迨無可能。所謂之全民參與的民主(Participatory Democracy)[7]在公元前五世紀，希臘之城邦(City State)如雅典(Athens)者，其議政亦無幼童、婦女和奴隸之參與。

足見「代議民主」乃是實踐民主政治之唯一途徑。其民意機關或議會之能否真正和充分代表人民行使主權，達到「代議」之功能，往往即為其民主政治良窳之分野。那麼，究竟什麼叫代議民主呢？代議民主，一般亦稱作「代議制度」，我們以下就引用幾位學者和思想家的言論來說明[8]：

(一) 路易士(George Crnewael Lewis)在其所著之《政治術語的正誤》(Use and Abuse of Political Terhs)，一書中說：「凡社會中一部分的人民，在一定週期，有投票選舉主權機關的立法議會議員之權的這種政體，即為代議制度。」

◯代議民主，一般亦稱作代議制度。

6. 傅家雄，前揭書，頁13。

7. 參閱：Carole Pateman,《 Participation and Democratic Theory》, New York: Cambridge university Press 1970。

8. 傅家雄，前揭書，頁14。

(二) 布洛罕(Lord Brovghah)在其所著之《英國憲法論》(British Constitution)中說：「我們所謂的代議政體即指全體人民或一大部分人民選舉代表自成一院的政體。」

(三) 迦納(J.W. Garner)在其名著《政治科學與政府》(Political Science and Government)一書上說：「所謂代議政體，即國家的意志，由人民所選舉和人數比較多的代表團來表示的政體。」

(四) 著名英國自由主義思想家約翰‧密勒(John Stuart Mill)在其名著《代議制度論》(Consider Ation on Representative Government)一書上定義說：「代議制度的意義，是全體人民或他們的大部分，經由他們定期所選的代表，行使在每一組織中都將有所屬的最後控制權。他們必須完全擁有此最後的權利，亦必須在願意過問的時候，成為一切政治措施的主人。」

　　國父孫中山先生在其〈民權主義〉第四講中，亦對代議制度有具體而明白的解釋。他說：「照現在世界上民權頂發達的國家講，人民在政治上是占什麼地位呢？得到了多少民權呢？就最近一百多年來所得的結果，不過是一種選舉和被選舉權。人民被選成議員之後，在議會中可以管國事，凡是國家的大事，都要由議會通過才能執行，如果在議會中沒有通過，便不能行。這種政體叫做『代議政體』，所謂『議會政治』。」由此可見所謂代議政治，即是人民選出代表組織議會，監督政府執行公共事務的一種政治體制。[9]

　　當然，代議制的民主政治，在今天雖是個民主國家所普遍實行的一種政體，但並非是最理想的民治制度。誠如孫中山在上述演講中所批評的：「成立了這種『代議制度』以後，民權是否算得充分發達呢？在『代議政體』沒有成立之先，歐美人民爭民權，以為得到了『代議政體』，便算是無上的民權。」但是「各國實行這種『代議政體』，都免

9.　同上註。

不了流弊。」即使是代議制度中最為歐美人士所讚揚的所謂「多數決原則」，亦難以倖免。[10]

┃ 參、議事中之多數決原則

台灣大學政治系前教授呂亞力認為，良好的代議民主，至少應該具備兩個條件：[11]

一、適當的代議機構

它能「反映」社會上形形色色的民意，也能讓代議士憑自己的判斷行事。[12]

二、優秀的代議士

具有「反映」民意的能力與願望，即良好的立法能力。

因此，不論是十九世紀以前代議的原則是根據「利益」，或是十九世紀以後，最重要的代議原則是「全民」，由於代議士的權力來源是人民，這個制度都必須是採取多數決的原則，才能符合大部分選民的意志。布坎南(James M. Buchanan)與杜洛克(G. Jullock)在其所合著的《同意的道理》(Calculus of Consent)一書中即說：「對法定贊成人數百分比要求越高的選舉制度或決議，則越有可能增進全民福祉。」[13]

---

10. 同上註，頁14-15。
11. 傅家雄，前揭書，轉引：呂亞力，《政治學》，台北，五南圖書出版公司，民國68年，頁134。
12. 一般代議制度可分為：(一)法定代表制：完全代表地方選民的民意；(二)委任代表制：以全國性角度考量，依自己的良知判斷，來決定政策與法案之制度。
13. 傅家雄，前揭書，轉引：吳惠林、林全，〈他肯定了民主政治的價值 — 簡介諾貝爾經濟學獎得主布坎南及公共選擇理論〉，中國時報，民國75年10月23日，版2。

可見，代議士其實質乃是全體人民總意(General Will)之表達，議會應代表全體選民之「團體意思」(Gesamtwille)。

不過，議會中議事以多數人之意志為依據，乃是民主政治的要素之一，其原則是：

一、少數須服從多數

服從多數是議事之首要準則。美國第三任總統傑弗遜(Thomas Jeffeson, 1743~1826)曾謂：「共和主義的第一原則，即為『服從多數』被認為各國分子權利平等的社會中基本法則；由一次表決而表現的多數意志，此項意志當被認為有如全體一致的同樣神聖。此為一切民主課題中最首要的一課，即吾人將民主政治的最後一課學完，仍不得不承認此服從多數的原則，為其最重要的一課。一旦此項原則遭受忽視，所存者除武力外，更無它物，其結果必流於武力專政而無疑。」[14]

惟議政雖以多數決為其準繩，仍需立基於理性與事實，即議會並不能憑多數之決定而剝奪人權，亦不能因多數決而解散反對黨；議決事項不得違憲、違法或改變政體等，此即所謂的「有限制的多數表決或統治」(Limited Majority Rule)也。[15]

二、多數須尊重少數

民主國家之議會，雖以多數決為其常態，惟為免多數壓迫少數，對少數人之權益，亦當有所保護。例如「被聞之權」(The Right To Be Heard)。將少數意見併呈參考，少數派得聲明保留在大會之發言權等。此外，英國國會更採「相間發言」方式，正反輪流辯論，在表決之前，

---

14. 傅家雄，前揭書，轉引：王冠青，《民權初步與現代議會》，台北，中央文物供應社，民國73年，頁105。
15. 傅家雄，前揭書，頁16。

容許反對黨一人講話，從而少數人意見可得而受尊重。其他尚有抗議權、徵信權(To Seek to Convince)、否決權(Veto Power)等。[16]

當然，一件法案之通過，其間的每一過程均有可能遭遇被否決的可能，支持者須在每一階段獲得多數之支持，否則，反對者只要得手一次，即能阻止法案之通過[17]。

其次，所謂「多數」並不意味其地位是永恆的，也許現在的少數將來也可能演變成多數。而且多數也不是就可以為所欲為。為防止多數派藉多數之名，行其獨裁之實，必須對多數有所限制。這些限制，一般可分為兩種：一是立基於尊重少數之原則上的；一是立基於尊重個人之原則上的。民主之最基本原則是政治平等，使立基於此一原則「多數統治」才有意義。**「法律之前，人人平等」**，即是維護民主政治的最重要前提。[18]

但是，如何才能使「多數」在實際的統治上發生實質的作用呢？這就是必須使民意（多數的意見）的功能能得到充分的發揮：[19]

1. 選舉必須充分自由，任何人或集團均不得以威脅、利誘或操縱來影響選舉的結果。
2. 選民必須有權自組團體來達到法定的目標。
3. 言論與表達意見的自由必須獲得承認。
4. 人民必須有權利獲得關於國事的公正訊息，以便其對政策能做適當的判斷。
5. 適當的政治教育必須與「洗腦」、「宣傳」、「灌輸政治教條」分開，俾不妨礙人民維持自己獨立思考的能力。

---

16. 同上註。
17. 同上註。
18. 同上註，頁17。
19. 傅家雄，前揭書，轉引：呂亞力，《政治學》，頁206。

以上這些條件，乃是民主社會之基本要求，國家之司法機關必須全力予以維護。不過，「民治（民主），即多數統治」之說法，已受到許多現代「行為科學派」(The Behavioral Science Approach)[20]政治學者中，已受到許多批評，他們根據許多事實的研究，指出英、美之民主政治並不都符合此一要求。[21]

第二節

多數民意之治的神話

許多對民主政治的界定，是指多數民意之治。換句話說，依多數人民的支持以治理國家，依多數人民的意見決定國家的施政、選出民意代表或

---

20. 社會科學早期理論的建立，都脫離不了推論性和臆測性的方式，具有濃厚的哲學氣氛。真正接受經驗性的判定(empirical test)遲至十八世紀中葉以後，到了二次世界大戰後，「行為科學派」(The Behavioral Science Approach)興起，更確立社會科學的科學地位（注意！「行為科學派」不同於「行為主義」(behaviorism)學派，前者是社會科學中「多科際（inter-disciplinary，跨科際）」的一種研究方式；後者是心理學家華生(John B. watson)所倡導的一種心理學研究方式）。

一九二〇年，芝加哥大學政治學教授墨瑞安(Charles E. Merriam)認為分析政治現象應該用心理學和社會學的方法，用科學的方式研究政治行為。他所教導出來的學生在後來美國的政治學界產生很大的影響力，故稱之為「芝加哥學派」(Chicago School)。芝加哥學派大師拉斯威爾(Harold D. Lasswell)運用心理分析方法剖析政治行為，實為現代政治學「行為研究法」的先驅。一九四九年在芝加哥大學舉行「科際性(interdisciplinary)會議」後，行為科學成為學術的主流。為何定名為「行為科學」，主要原因有三：1.與會學者心目中的「行為」，主要是指生物和社會科學中的行為而言；因此採用「行為科學」這名稱，通指以上二個學科；2.它是個中立性的名稱，能為生物學和社會科學普遍接受；3.避免美國保守派國會議員或基金會人士，誤認「社會科學」就是「社會主義」(socialism)。

會後各學者的鼓吹，相繼成立各種研究中心或基金會組織從事研究工作，他們運用行為科學的重視倫理、重視經驗性、科際性和統合性的原則與方法。時至今日，行為科學已成為社會科學的主流。甚至行為科學與社會科學成為一而二，二為一的情勢。

21. 傅家雄，前揭書，頁17。

政府首長的政治就叫民主政治。這種看法，其實是經不起深入去觀察的，下面我們就提出一些事實資料，來探討所謂多數民意之治的真相 [22]：

壹、多數意見未必確保選舉勝利

例如美國總統選舉，因採「間接選舉制」，各州選總統選舉人是採「大選區連記多數投票制」，其總統選舉人選舉結果與二大黨（民主黨、共和黨）所得選民總數比例不一致，有時甚至發生所謂「少數總統」(Minority President)[23]的情形，另外，英、美之議員選舉採「小選區多數投票制」，其投票結果也常不能適當反映民意，得民眾票少的黨員席反多，英國在國會占多數議席的黨，就不一定表示獲得多數民意的支持，可見獲多數選民支持的政黨，並未即能確保在選戰中勝利。

---

22. 傅家雄，前揭書，頁18-20。

23. 美國總統選舉過程主要分成四個階段：(一)總統候選人在各黨的初選，通常自大選年的2月開始，到6月結束；(二)各黨總統候選人提名，即由各政黨召開全國代表大會產生，時間大約在7、8月間；(三)大選投票，此又分成兩階段進行，首先是由選民於大選日選舉「總統選舉人」，時間約在11月初；(四)由「總統選舉人」根據選民的意思投票選舉總統（時間已到12月中），結果由「總統選舉人」簽證封印送達參議院(Senate)議長。次年1月參議院議長在參議院、眾議院(House of Representatives)兩院議員前，開拆所有證明書並計算票數。凡獲得「總統選舉人」票數最多者即當選，惟其票數須為選舉人總數過半以上。如無人獲得過半數票，即由眾議院就得票最多之前三名候選人予以投票，以州為單位，每州只能共投一票，以得票過半數（26州）以上者當選。（參閱：彭堅汶，《憲法》，台北市，中華電視股份有限公司，民國98年8月，再版，頁347-348）惟前述各州之「總統選舉人」數，是以各州參議員及眾議員的合計為準，總數則是參議員100名，加上眾議員435名，再加上哥倫比亞特區3名，選舉人團(Electoral League)共538名。同時由於選舉人票數之取得，是採行「勝者全取(Winer-take-all)的計票方式，結果促使候選人只注重大州的競選策略，以爭取最多數的選舉人票。（參閱：彭堅汶，前揭書，頁348）在美國歷史上曾出現亞當斯(John Adams)、哈耶斯(Rutherford B. Hayes)、哈里森(William H. Harrison)等三位「少數總統」(Minority President)，即當選者選舉人票數雖高於競爭對手，但實際得票率不但未過半，且低於落選的競爭者。尤其是哈耶斯總統的對手，竟然會以得票率過半的51%落選。2000年第43屆的總統大選，布希(George W. Bush)也同樣是以271張過半數的選舉人票，超過高爾(Al Gore)的267張而當選，但其實際得票數卻低於高爾的337576張，是屬少數總統。（參閱：彭堅汶，前揭書，頁348-349）

其次，兩黨支持者中，未必都會參加投票，一黨之支持者其投票率之低，亦可令選舉結果改觀，所以選民實際之投票率常可左右選舉之結果。況且在實際政治上，對某種政策有利害關係者，常較熱心政治活動，易受注意而爭取選票，其他所謂沉默之大多數，往往易受忽略，政策如受此少數人所左右，則此種政策即未必是獲得多數人所支持之政策。

⬤ 多數意見未必確保勝利。

貳、民意真相不易正確顯現

民意(People's Will)一詞又稱輿論(Popular Opinion)或公意、公共意見(Public Opinion)等，其名雖異，惟所指則相去不遠。即政治團體之成員（人民）對公共事務抱持之共同意見獲多數意見也。惟一般而言，民意並不易正確顯現。英儒蒲萊士(James Bryce)在所著《現代民主政治》(Modern Democracies)及《美國共和國》(American Common-Wealth)兩書中，即認為許多人都易將黨棍、無恥政客、野心分子、遊說分子、政治掮客和美國的選民混為一談，視其言論為民意或輿論。事實上，一般人民所關心的乃是他們日常生活的問題，對公共事務並不十分注意，一般民眾常任這些活躍分子擺布、欺弄而不自覺。

參、多數支持非即是民主政治

艾力士(Marian D. Irish)與蒲魯斯魯(James W, Prothro)在其合著之《美國的民主政治》(The Politics of American Democracy)一書中說：

「傳統民主政治理論著重達成多數之治的程序，即使平等未能達到，至少多數之治也應有保障。但是證諸事實，是否也是如此？吾人以一九六八年的總統選舉而言，絕大多數的美國人，在他們必須擇一投票支持的三個人之外，尚有其他所好之候選人。即使在這三個人當中，尼克森也只獲得百分之四十三點四的選票而已。卡斯楚在一九七〇年時，曾向大眾報告某些失敗事件，並表示如果古巴人因而支持其他的領袖，他將自動下台，但他的建議卻被絕大多數人的呼聲壓下去。……我們懷疑尼克森敢對他的同胞，在這種大會中提出這個問題。」[24]

如果多數之治即是民主政治，那麼在這個例子裡古巴的卡斯楚，不是就比美國的尼克森更民主了嗎？

此外，麥基佛(R.M. MacIver)也曾在其《政府之網》(The Web of Government)一書中指出：

「民主政治的意義是每一場合實現多數而非少數之願望嗎？任何對民主性質的此種看法，都是誤謬的。一個專制政權也可能獲得多數的支持。多數意見即使是經由最佳之民主方式所形成的多數，也可能誤用甚至推翻民主原則。有時煽動者或殘暴的專制領袖可能在競選中獲勝，然後他就一舉摧毀他賴以起家的民主體制，即使他此種作法已獲得多數之同意，他仍然是斷送了民主。」

由此可見，一個政府或政治領袖雖獲得多數民意的支持，卻不能即說是民主政治。日本之侵略中國、希特勒的獨裁統治，都曾獲得大多數日本人和德國人的支持，但我們絕不可能認為戰前的日本和德國的政治是民主政治。

---

24. 同上註，頁19。

在近代史上，代議制度已然成為現今世界各國所普遍實行的一種民主政治制度。在這兩百餘年的歷史中，歐美人士對之迭加讚揚。法國歷史家兼政治家的方刷‧布窪‧基佑姆‧吉佐(François Poire Guillaume Guizot)在其所著之《代議政治發展史》一書中便對代議制度的原理讚譽有加。另外，英國功利主義派的大思想家詹姆士‧密勒(James Mill)和其子約翰‧密勒(John Stuart Mill)也都曾對代議制度被加推崇。詹姆士‧密勒在其著作《政府論》(On Government)一書中說：

「在近代的發現中，欲謀一切想像或實際的困難之解決，恐須將求之於代議制度，假如此制度不能解決一切，我們即不能不被迫而下一非常之結論，即建設良好的政府是不可能的。因為除開社會全體之外，沒有人 ─ 或幾個人結合 ─ 據有權柄而不為自利是謀者。但社會全體不能執行其權力，必須委託少數個人而負執行的責任。其結果自然甚為顯然，即社會全體必須監督此少數執行權力之人，勢必社會全體共同集議方能發生動作。但如社會全體共同集議，動作反不易發生，只有全體選舉代表負監督的責任之一法。」[25]

約翰‧密勒在其《代議制度論》(Consideration on Representative Government)一書中，則更進一步辯稱：

「足以完全滿足社會制度一切需要的唯一政治制度，就是全體人民能參加的制度。參加就是在極小的官能方面也是有益的。……但是在超越城市的社會團體之下，所有的人民，不能躬親參加一切事物，而只能參加極小部分的事物，結果最完全而為吾人理想中的政府，必定是代議制政府。」[26]

從客觀上看，代議制度的確有許多優點，尤其這個制度所採取的多數決原則。政府權力即是來自人民，政府之施政自應以人民同意為基礎。所謂同意，即是支持的表示，這在人民眾多的情形下，其表示之方式多是投票。而投票實際上是以參加投票者的有效票過半數決定的原

---

25. 同上註，頁20。
26. 同上註。

則。由於民意本就不易捉摸，再加上一般人對公共事務的漠不關心，以及制度上的問題，使實際上的多數民意之治，未能落實。目前我國台灣地區正大力向民主之大道邁進，如何教育民眾關心公共事務，參與公共政策之制定，落實民主，實值得吾人重視。[27]

綜合本節以上論述，代議民主制(representative democracy)，又稱間接民主制，是由公民以選舉的方式選出立法機構的代表（議員），代表人民在議會中行使權力（稱之為代議），它與直接民主不同。

究其實，除了在選舉當下外，選民與代議士間並無真正的約束關係，意即代議士在議會中的行為，未必真正反映民意。但代議士在任期中的表現，會影響到其下次選舉的選民投票取向。

肆、濟助代議民主缺失之道

代議民主制度是現代民主國家普遍實施的制度。但在實務上，形式的控制機制與實質的運作並不相符。人民雖形式上擁有權力，但與實質的有限權力並不一致；代議士的承諾與實際的作為，常常出現很大的落差，不符合選民的期待，甚至還有民主倒退的可能。因此，代議制民主常受人詬弊。[28]

有論者提出「審議民主」與「公民投票和公民複決」或許可為濟助「代議民主」之弊的兩帖藥方。

一、審議式民主

審議式民主(Deliberative democracy)，又稱商討式民主(Discursive democracy)、商議民主制，是一種民主的形式，將審議(Deliberative)作為制定政治決策的核心。與傳統民主制度的最大不同，在於傳統民主制

---

27. 同上註。
28. https://zh.wikipedia.org/wiki/%E4%BB%A3%E8%AD%B0%E6%B0%91%E4%
B8%BB%E5%88%B6，2018年7月17日查閱。

度特別重視投票,而審議民主是在投票之外,也將審議當成法律的合法
性來源之一。[29]

　　審議民主是代議民主與直接民主之外的第三種民主形式。二十世紀
九〇年代起,民主的理論與實踐經歷了「審議而轉向」(deliberative
turn)。在1980年,由鳩塞夫・貝斯特(Joseph M. Bessette)所著的《審議
民主:共和政府的主要原則》(Discursive democracy: The Majority
Principle in Republican Government)一書中,首次提出這個名詞。哈伯瑪
斯(Jürgen Habermas)在1992年出版的《事實與規範之間》(Between
Facts and Norms;德文:Faktizität und Geltung)一書中建構出他自己的
審議政治理論。[30]

　　糾正代議民主過度依賴投票表決,而形成多數人的偏好,因而剝奪
少數人表達意見的權利。主張在公共議題形成決策的過程中,應盡可能
讓公民參與審議,藉由充分討論來達成共識,以共識決取代多數決。[31]

　　審議式民主的基本主張:(一)每一公民具有基本且公平的機會參與
理性討論;(二)審議式民主都立基於自由、平等且理性的基礎上進行審
議,且最後必須服從多數決[32]。審議式民主的理念大致可界定為「民主
的政策決定應當建基在公共審議的實質過程,在其中,不論是贊成或反
對法律與政策的意見,都須以是否能更增進公眾的共善(common good),
以及政治社會的正義來作為論證的條件」。因此,簡言之,積極促進公
民對公共事務的參與,且公民的參與不應僅限於投票事件上。[33]

　　公共審議的優點:(一)不僅在於取得廣泛的成員認可於決策的正當
性,並且可培養公民積極參與公共事務的行動能力和興趣,並在實踐過
程中,逐漸地引導公民以共同利益的角度來審視事務、提出意見、進行

29. https://zh.wikipedia.org/wiki/%E5%AF%A9%E8%AD%B0%E5%BC%8F%E6%
B0%91%E4%B8%BB,2018年7月17日查閱。
30. 同上註。
31. 同上註。
32. 《第二節審議式民主的理念與主張》,〈論「公民科」的學科理論
基礎:重返政治〉,頁69、71,https://nccur.lib.nccu.edu.tw/bitstre
am/140.119/34508/9/52501109.pdf,2018年7月20日查閱。
33. 同上註,〈論「公民科」的學科理論基礎:重返政治〉,頁73。

討論，而非以一己之私來爭利護短；(二)在公民審議過程中，將引導出更充足的資訊，以供公民對公共事務做出合宜的集體判斷及理性選擇。因此，審議可以改善決策品質，並充實民主內涵，同時審議的結果也是由眾人理性思辯而來的，因此使決策的結果較具道德因素，越顯其正當性，故審議較僅由投票而做出的決策，更加突顯其周全性。[34]

直至目前審議式民主引起學界廣泛地研究與討論，尚未具備完整的理論體系，但其揭櫫—所有自由、平等、理性的公民都具有公平的機會，參與一個「理想的言談情境」(idea speech situation)下的公共討論，藉以實踐個體並形塑社群共善—的理念，卻為當代處於個體與群體衝突的社會，尋覓出一條可能的出路。[35]

二、公民投票和公民複決

公民投票(Plebiscite)或公民複決(Referendum)通常被學者認為是補充「代議民主」不足之最有效的工具，它是以「直接民主」的方式救濟「間接民主」之窮。

依憲法主權在民的原則，為確保國民直接行使參政權，我國公民有選舉、罷免、創制、複決權，當選出的公職人員無法充分匯集民意，我國〈公民投票法〉遂賦予公民行使公民投票的法源依據。

(一) 我國〈公民投票法〉所稱的公民投票，包括全國性、地方性公民投票。

1. 全國性公民投票的適用事項如下：(1)決定重大政策的創制或複決，(2)法律之複決，(3)立法原則之創制，(4)憲法修正案之複決。

2. 地方性公民投票的適用事項如下：(1)地方自治法規之複決，(2)地方自治法規立法原則之創制，(3)地方自治事項重大政策之創制或複決。

複決由代議士草擬法律案，交由人民公民投票決定之。

34.　同上註，頁73。
35.　同上註，頁77。

(二) 公民投票的複決分為兩種：

1. 強制複決：議會所通過之法案（強制），必須經過公民複決，經表決後始能生效。

2. 任意複決：議會所通過之法案得於公民或法定機關請求時，始舉行公民複決者，並非必須經過。

(三) 公民複決的時機[36]

1. 國家重大決定需強大的民主正當性：當選出的公職人員無法充分發揮民意，公民得向行政院「公民投票審議委員會」提出公民投票案。

   (1) 提案人數應達提案時，最近一次總統、副總統選舉，選舉人總數之千分之五以上。

   (2) 地方性公民投票案應分別向直轄市、縣市、鄉鎮市政府提出。

   　依〈地方制度法〉第16條規定，直轄市民、縣市民、鄉（鎮市）民有權利對地方自治事項，依法行使創制、複決之權。

2. 總統經行政院院會之決議，提出防禦性公投，就攸關國家安全事項，交付公民投票。

3. 立法機關依憲法規定而無法做出決定（有關修憲案、領土變更案）：

   (1) 憲法之修改，須經立法院立法委員四分之一之提議，四分之三之出席，及出席委員四分之三之決議，提出憲法修正案，並於公告半年後，經中華民國自由地區選舉人投票複決，有效同意票過選舉人總額之半數，即通過之。（〈中華民國憲法增修條文〉第12條）

---

36. 〈公民投票或公民複決實施的時機為何？公民投票或公民複決通常有何限制？〉
   http://blog.xuite.net/nevergo2far8/wretch1/90894133-公民投票或公民……，2018年7月21日查閱。

(2) 中華民國領土，依其固有疆域，非經全體立法委員四分之一之提議，全體立法委員四分之三之出席，及出席委員四分之三之決議，提出領土變更案，並於公告半年後，經中華民國自由地區選舉人投票複決，有效同意票過選舉人總額之半數，不得變更之。（〈中華民國憲法增修條文〉第4條）

(四) 公民投票案的限制，依據〈公民投票法〉有下列幾種限制：[37]

1. 財政案不得公民投票

財政、租稅、投資、薪俸不得作為公民投票之提案。係因財政是庶務之母，財政事項若由公民投票，政府施政會常常形成收入不穩定的狀態，而無法順利推行政策。

2. 國家人事制度不得公民投票

人事制度是官僚組織運作的基本元素，若交由公民投票決定政府人事事項，將造成人事變動的頻繁，不利政府施政。

3. 憲法核心議題不得公民投票

涉及基本人權、權力分立制度、正當法律程序（憲法第8條「人身自由之逮捕、拘禁、審問、處罰」）、人性尊嚴等憲法核心議題不得公民投票。

4. 有關政府的施政專業不得公民投票

係因公民的專業知識有限，而且公民投票往往將問題簡化為贊成與反對兩個選項，若政府將施政的專業事項交由公民決定，可能造成業餘人士領導專業人士。

5. 地方性公民投票以自治事項為限，不得做委辦事項的公民投票

係因委辦事項是地方自治團體在上級指揮、監督下，執行上級機關或主管機關交付辦理之非屬該團體事務。

---

37. 同上註。

6. 公民投票以立法權限之創制、複決為限，不得為司法權限之公民投票

係因司法獨立，理性才能維持司法裁判的公正性，故司法機關的權限不應受到政治干擾。

第三節

民意與政治決策

打開報紙，琳瑯滿目的標題，爭相奪目。如「學者擔心國內、國定假日過多應全盤檢討」；「全國總工會認為勞工工作時數仍偏高，短工時高效率，才是勞資應共同追求的目標」；還有「我們不要攤販式的健保」；「中油計畫從下月起調高油價」；「財政部為穩定股市，決定進場護盤」……。這許許多多的聲音中，哪些是屬於民意？是學者的聲音、工會總會會長？還是醫生代表？哪些又屬於政治決策？政治決策是反應執政者的意圖？還是民意？有關民意與政治決策的關係討論如下[38]。

壹、民意的本質

所謂民意，是指「人民的公意」(People's Public Opinion)，也就是公眾的意見隨著資訊、交通的發達，都使民意得以自由展現，呈百鳥爭鳴的熱鬧場面。然而一般政治人物口中的民意，是代表全體國民的意思嗎？事實發現，大多數人對意見既無認識，又無時間，更無興趣形成自己的意見，於是民意往往成為少數人、利益團體所把持、操縱、甚至蠱惑一般人的工具，而無法代表大多數人的真正利益。

---

38. 吳錦鳳，黃聖桂，《社會科學概論》，台北縣，民國93年6月，修訂新版7刷，頁180-185。

另外，民意並非全然理性，其中夾雜許多個人喜好、情感在裡頭，因此按民意所決定的政策，並不代表是最佳利益的決策。

貳、政治決策

　　政治的形成開頭，基本上是源自於決策者對社會訴求的一種承諾(Commitmemt)，從而迸發的決策階段與過程。政策形成的邏輯過程，可分為六個階段：

　　即1.問題論述；2.政策形成；3.政策選擇；4.政策執行；5.政策評估；6.政策調整。如表1-1：

表1-1：政策過程的分析參考架構

政策過程	主要階段	分析重點
I. 政策輸入期	1. 問題論述	問題定義
		需求調查
	2. 政策形成	目的闡釋
		策略考量
	3. 政策選擇	方案設計
		決策者辨認
		受益者辨認
II. 政策執行期	4. 政策執行	政策問題
		方案問題
	5. 政策評估	經驗評估
		內容分析
III. 政策輸出期	6. 政策調整	政策保持
		政策適應
		政策廢止

註：(1) 意指政策過程的邏輯路徑。
　　(2) 意涵決策過程的回饋功能。
資料來源：吳錦鳳，黃聖桂，《社會科學概論》，頁181。

參、民意與政策決策的關係

政府決策的過程，與參考架構將對人民的生活產生決定性的影響。李欽湧教授將現有的決策及政策分析的途徑及方法，加以歸類為「價值取向」、「人際取向」、「漸近取向」、「制度取向」、「過程取向」及「理性取向」，分述如下：

一、價值取向

政策乃受到社會菁英分子的意向，與價值觀的影響，精英分子可能是統治者、豪門、獨裁領袖、軍事強人。從分析的角度看，菁英分子往往是社會上既得利益的團體成員，他們在決策的過程，可能為維護既得的私利並將它解釋為「公共利益」。社會政策的任何改變，將視領導精英的喜好意向而決定，而非由下而上(Bottom Up)的決策流程，來反應一般大眾的民意與需求。精英分子對於所謂「輿論」也有相當的影響力，甚至是控制力。精英分子經常利用他們的社會或政治地位、財富、知識與資訊，甚至於利用「情感性關係」為主的廣大人際網路，透過大眾傳播媒體，將自己塑造成思想的領導者或民心的向背者。

➲ 政策乃受到社會菁英分子的意向，與價值觀的影響。

然而並非民意為所有的政策原意，與一般大眾的利益都是相左的，現代社會裡，有不少崇尚民主自由的菁英分子，包括科層制度

(Bureaucracy)[39]的官員，大眾傳播界的輿論領袖、大學教授等，也確實是以多數人民的利益為依歸。

二、人際取向決策分析模型

決策過程需視「利益／壓力團體」(Interest/Pressure Goup)的態度而定。利壓團體乃是一群人或團體為了共同的理想、價值或利益而結社，並透過有組織的活動如遊說，來影響輿論政情，以達到團體共同追求的目標或共同的利益需求。

利壓團體的類型有為單一利益的，如愛滋病權益團體；或多種利益取向，如消費者文教基金會；或職業取向團體，如醫師公會；有問題取向的組織，如兒童福利團體。

利壓團體是否能夠真正代表社會大眾的利益，或十足反映人民的真正需要；端賴一般及公共利益，能不能有效組織起來，否則整個利壓團體或政治系統，就不具有真正代表性。

三、漸近取向決策分析模型

漸進決策的過程，基本上含有相當強烈的保守性格。它的決策參考架構，乃是就現存的政策、方案與預算水準；做適度的增加、減少或修訂。這種保守的決策模型在變遷，於快速的社會中較難有效掌握社會需求的脈動。

---

39. 科層制或官僚制：是一種理性化的管理組織結構，基本職能是執行決策者經任命產生的官員所組成的大型組織。它必須遵循一套特定的規則與程序，有明確的權威登記，權責自上向下傳遞。大規模正式組織的興起，稱之為「科層化」。https://zh.wikipedia.org/wiki/%E5%AE%98%E5%83%9A%E5%88%B6，2018年7月15日查閱。

四、制度取向決策分析模型

　　政府的制度與組織結構，將影響公共政策的內涵，與政策的品質。然而，科層組織（即「官僚系統」）的行政效率，由於過於繁複，以致效率十分低落，再加上重視人情的政治文化背景，就成了貪汙的溫床。實際經驗告訴我們，組織的目的、結構及其運作績效，水準常參差不齊，彼此工作重疊，或者彼此妨礙對方工作利益，因此影響了組織整體功能的發揮。

　　這樣的決策績效，當然要讓人民感到失望。因此，如何設計一個能夠適應改變中的環境壓力，同時支持日益複雜的組織結構？「權變理論」(Contingency Theory)於是逐漸成為當前政治結構設計上的主導概念架構。也就是說，政府組織不再強調結構的穩定性，而是考慮政治、社會、經濟與專業因素，這就是所謂「環境的必要性」(Environmental Imperative)為主軸。如此將能提高對民意的辨識能力，政策擬定、執行、評估等功能都會提升許多。

五、過程取向決策分析模型

　　「過程取向」強調的是政策形成與執行的過程，是一種橫向的策略政策分析。我們經常看到政府對一些嚴重的社會問題，並沒有採取應有的重視，反而討論一些無關緊要的問題，由此可見，民意要變成政策，需要許多政治環境條件的有效配合。例如，人們對於婚前

200元中獎
統一發票…

◯ 過程取向決策分析模型。

性行為與家庭責任態度的改變，才會連帶影響墮胎政策。另外高度敏感與有責任意識的政府，才能快速有效的順應民意，將民意納入政策評估系統中。也就是要將社會問題轉變成政治上有意義的課題時，往往需要相當長的潛伏期，這就是何以我們覺得政府不但無法「未雨綢繆」，而且是慢了好幾拍的原因。

其次，在政策形成的過程中，代表社會各個不同利益層面的支持或杯葛，也會持續互動影響政策的進行。所以，在一個自由民主的多元化社會裡，民意能發展到決策的步驟，變得相當有限。換句話說，能夠真正進入政治議程的，多半必須得到政治檯面上舉足輕重者，或社會上絕大多數人認可與支持。因此，誰比較接近權力中心，就會得到比較多的重視與注意。所以，弱勢團體的訴求要得到注意就非常艱辛。

第三個影響因素，是方案的選擇與執行，值得一提的是，忠實而成功的執行方案，並不能保證政策的績效彰顯。成效不彰的原因很多，包含政策的目的，工具配合不當。連帶產生因果推論及仲裁上的錯誤。都是在政策執行的環節中不容忽視的力量。

六、理性化決策分析模型

理性化政策的設計，是尋求政策效益上最大的淨值成效，然而現代社會問題是複雜而多層面的，往往也不易定量或用社會指標去衡量。有時一個問題的背後，有更深或更嚴重的問題存在；也有些問題處理起來可能產生一連串連鎖反應。因此，政策執行要做到理性化，實在不容易。

從上面的討論中，是否更感到民意表彰的不易。也更能體會，要扮演一個眾望所歸的大有為政府，更是不容易。

第四節

民主化之途徑 ─
多元政治之產生

壹、多元政治不等於民主政治

　　美國耶魯大學政治系榮譽教授道爾(Robert A. Dahl)，曾以「參與」(Participation)和「競爭」(Competition)做為「多元政治」(Polyarchy)的兩個指標，透過參與和競爭，使政治民主化。但是不論是參與或競爭，似乎都和社會的經濟結構有關係。一九七〇年代，國家發展理論的兩大學派 ─「現代化理論」和「依賴理論」，對此卻持不同的看法。前者透過跨國性統計研究發現，經濟發展和政治民主是相輔相成的正相關係；而後者經由「比較歷史」的研究，則發現兩者是相沖相剋關係，最少在某個階段，發展上是魚與熊掌難以兼得[40]。以下先來了解「多元政治」的意義。

　　「多元政治」一詞係道爾教授鑽研民主政治的觀念結晶。它首先出現在他與林布隆(C.E. Lindblom)合著的「政治、經濟與福利」(Politics, Economics and welfare, 1953)一書，其後並在所著《民主理論芻議》(A Preface to Democratic Theory, 1956)一書中加以宣揚。所謂「多元政治」，亦作「多元政體」，依道爾之見，是指一種政治體制，在這種政治體制中，人民可以自由參與政治，而在野的反對勢力，可與執政者競相爭取人民的支持。簡言之，「參與」和「競爭」就是多元政治的兩個指標。透過參與和競爭，可使政府不能不反應民意，而趨向民主[41]。

---

40. 傅家雄，前揭書，頁8。
41. 傅家雄，前揭書，轉引：Dahl, R.A.原著，張明貴譯，《多元政治》，台北，唐山出版社，民國78年，譯序。

⊃ 參與和競爭。

　　由此而言，多元政治並不就等於民主政治。假定充分的民主是發展的目標，民主化則是朝向這個目標發展或變遷的一個過程。而在這個過程中，所出現的一種政治系統至少容許「參與」和「競爭」，但卻不一定「完全的民主化」。事實上，「完全的民主化」就是「充分的民主政治」，這在真實的現實中，可能還是不存在的。[42]

　　但是有一點卻是極為重要的，那就是民主化過程中必須容許「參與」和「競爭」。道爾強調，政治系統若發展成使政府與其反對者，存在著對立、抗衡或競爭的情況，這是民主化非常重要的一面。不過，民主化與公開反對的發展，這兩個過程也並不是等同的。換句話說，發展一個公開競爭的系統，未必等於完全的民主化。[43]

　　道爾指出，英國到了十八世紀末時，公開競爭的系統已高度發展，但是其系統在一八六七與一八八四年選舉擴張前，只包含一小部分的人口：瑞士在世界上是公開競爭最充分發展的系統之一，但是瑞士占半數

---

42. 傅家雄，前揭書，頁9。

43. 同上註。

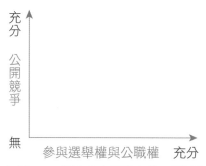

圖1-1　民主化在理論上的二個層面

資料來源：傅家雄，《民主憲政與發展》，頁10。

人口的婦女，仍然被排除於全國性的選舉之外（按：瑞士的婦女是一九七一年時，才獲得選舉權）。相對的，蘇聯雖然的確實施普通選舉權，但是一直幾乎沒有公開競爭的體制。所以，沒有反對權，參與權也失去其在開放競爭的國家中所具有的重大意義。這對反對勢力而言，在一個實施普選而政府高壓統治的國家中，當然比在一個選舉權不普及而政府相當容忍的國家中，較少有發展的機會。從而，道爾假定民主化至少是由開放競爭與參與權這兩個層面所構成（如圖1-1所示）。[44]

　　為了更清楚地顯示公開競爭與民主化的關係，將圖1-1的兩個層面再加以開展（如圖1-2所示），藉以說明政權變遷的種類。由於在理論上，一個政權，可能位於這兩個層面所構成的空間中的任何位置。靠近左下角的政權可稱之為封閉的霸道政權(Closed Hegemony)。設若霸道政權沿著甲途向上移動，那麼此一政權是趨向更大的公開競爭，也就是自由化和更具競爭性。如果政權是沿著乙途，變遷到提供更大的參與，這是往更普遍化變遷，或者是這政權正變得具有包容性。一個政權可能沿某一層面變遷，而在其他層面無所改變。如果靠近左上角的政權稱為競爭性的寡頭政治(Competitive Oligarchy)，那麼甲途代表由封閉的霸道政權改變為競爭性的寡頭政治。但是，封閉的霸道政權也可能變得更具包容性而未自由化，亦即沿著乙途發展，而沒有增加公開競爭的機會。在此情況下，政權是由封閉的霸道政權轉變為包容性的霸道政權。[45]

44.　同上註，頁9-10。
45.　同上註，頁10。

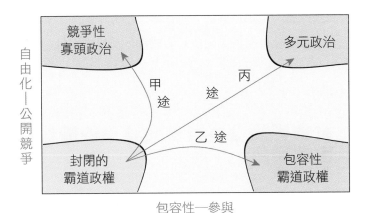

○ 圖1-2 自由化、包容性與民主化

資料來源：傅家雄，《民主憲政與發展》，頁10。

　　民主政治可以視為是位於右上角。但是，由於民主政治可能涉及比此圖所示的兩個層面更多的層面，而且由於真實世界中，沒有一個龐大的系統是完全民主化。因此，以真實世界中最接近於右上角的系統，稱為「多元政治」（Polyarchy，亦可譯為「多元政體」。）一個政權若有趨向右上方的任何改變，譬如沿丙途改變，就可以說是代表某一程度的民主化。如此，多元政治可以被認為是比較（但非完全）民主化的政權，或換個方式來說，多元政治是指實質上已普及化與自由化的政權，也就是非常包容與開放公開競爭的政權。[46]

　　不過於此我們並非有意重複道爾的研究，探討變遷的順序或如何轉向為多元化的政權以及論證社會經濟的發展與多元政治有著如何之關係。但是，顯然台灣民主化在大環境上與經濟發展具有密切關係的假設，與現代化理論解釋民主化是以經濟發展為前提，將經濟現代化與政治民主化相結合的假設，在方向上是大致相符的，因而我們也同時檢證現代化理論的這項解釋力和普遍性。台灣經濟的發展是在意識形態上採

---

46. 傅家雄，前揭書，轉引：Dahl, R.A.原著，張明貴譯，《多元政治》，頁3-8。

取民生主義的理念、精神和原則，這是孫中山先生的國家發展策略以經濟發展帶動或改變社會結構走向多元的變遷，使權力取得平衡，以利於民主的產生。[47]

貳、社會經濟發展與多元政治的關係，並非直線關係

今年我比去年賺了10%

我也是…

⊃ 社會經濟發展與多元政治的關係，並非直線關係。

根據道爾的研究，一個國家其社會經濟水準與政治發展，確實具有顯著的相關性。「政治發展水準越高，越可能具有競爭性政權；而政權越具競爭性，經濟發展程度越有可能比較高。」在包容性或近包容性多元政治間的關係方面，又更為明確。「一國的社會經濟水準越高，其政權越有可能是包容性或近似多元政治。如果一個政權是屬於多元政治，則此政權存在於社會經濟發展程度較高的國家之可能性，高於存在於社會經濟發展程度較低的國家。」[48]

---

47. 傅家雄，前揭書，頁11。
48. 傅家雄，前揭書，轉引：Dahl, R.A.原著，張明貴譯，《多元政治》，頁68。

但是，道爾也指出，社會經濟發展與多元政治的關係，並非直線關係。「競爭性政權甚或多元政治，並非只存在於社會經濟高度發展的國家；而所有社會經濟高度發展的國家，也並非真的都具有多元政治，甚或競爭性政權。」他舉出例子：印度在1957年時每人國民生產毛額約只73美元，但具有競爭性政權，也確實是多元政治國家；而蘇聯與東德同時期的每人國民生產毛額為600美元，卻是社會經濟水準高的霸道政權。其他還有相當多令人困惑的例子[49]。

　　如果我們提出我國台灣地區的例子，是否有助於解釋這個迷惑呢？政府是於民國76年7月15日零時起解除戒嚴，77年元月解除所謂「報禁」，78年元月續解除所謂「黨禁」，邁向競爭性政治或多元政治形態。台灣這段期間的每人國民生產毛額從75年的3,993美元，躍升為76年的5,275美元，77年的6,333美元和78年的7,512美元（國民經濟動向統計季報）。這個「躍升」的數字，是拜「政治發展」之賜嗎？還是經濟的發展促成政治的「解嚴」？[50]

　　在經濟上，台灣的發展成就有許多時空背景或歷史偶然際遇的因素，其他的開發中國家恐怕很難要求重來一遍，所以，台灣的發展經驗未必能具有普遍性的模仿價值。同時，台灣的經濟規模有限，所以，這片土地上的人民所創造出來的特殊成就，也未必能對由眾多開發中國家發展經驗所歸納而得的一些既有的理論，構成全盤挑戰或徹底翻修的衝擊[51]。不過，在政治上，台灣是奉行孫中山的三民主義政策，致力於中華民國現代化，則是無庸置疑的。

---

49. 傅家雄，前揭書，轉引：Dahl, R.A.原著，張明貴譯，《多元政治》，頁72-73。
50. 傅家雄，前揭書，頁12。
51. 龐建國，《國家發展理論─兼論台灣發展經驗》，台北，巨流圖書公司，民國82年，頁314。

第五節

現代民主社會政治生活中的政治參與

　　雖然民主社會裡，意見的表達是一種權利，而政治參與更是一種義務，若能透過每個人的參與，使公共事務得以執行或監督；使每個人有機會得到更大的私利與公益。身為現代人如何參政呢？本節就：壹、參與態度；貳、參與管道；參、政黨[52]政治是民主政治的趨勢等層面，探討現代民主社會政治生活中的政治參與。[53]

壹、參與態度

一、努力充實自己，使自己具備可以為社會、國家擔任的學識和技能，使自己能或多或少對社會、國家有所貢獻。

二、對社會、國家不存冷漠的態度。對國家社會要有捨我其誰的態度。

三、經由報章、雜誌、公報等大眾傳播媒體之報導，及候選人之政見，培養對公共事務關心的胸懷。

---

52. 政黨(party)：政黨是以執政、促進和保障特定政治思想、政治利益為目標的團體。在代議制民主政黨政治體系中，政黨爭取執政一般以參選為手段，並有時結成政治聯盟，在必要時聯合執政。政黨通常有特定的政治目標和意識形態，針對國家和社會議題，有各自的主張，定立政綱展示其願景。https://zh.wikipedia.org/wiki/%E6%94%BF%E5%85%9A，2018年7月15日查閱。

53. 上述列舉的層面，筆者引用：吳錦鳳，黃聖桂，《社會科學概論》，頁185-187。

四、尊重的態度：政治參與應以法治精神為基礎，尊重別人有講話權利。許多人只想到自己要參與，要發表意見；而忽略也應尊重別人表達不同意見的自由。

五、要有責任觀念：意見表達以大我為先，要考慮大眾的權利，同時注意需盡的義務。

六、勿泛政治化：參與政治，不要把什麼社會問題都認為和政治有關，都以為是政治迫害。

貳、參與管道

一、透過報章、雜誌、電台、電視等大眾傳播工具，來發表我們對公共事務之意見。

二、藉各種投票，包括選舉、罷免、複決來表示意見。

三、選舉時，對於所支持的政黨或其候選人，可給予政治獻金，擔任助選義工。並在選舉時，不買票、不賣票，以維護選舉的正義與公平。

四、參與社團組織，利用請願、遊行、集會的方式，理性和平的由團體來表示意見。例如：主婦聯盟、教育改革委員會。

五、參與或組成政黨，由政黨及其候選人在政綱政策中表達共同的政治主張。

參、政黨政治是民主政治的趨勢

　　個人在社會上若要表達自己的意見，往往力量太薄弱，若能匯集眾人的力量必定造成更大的影響力。在政治生活上政黨的組織，便是集合政治理念、理想相一致的一群人，透過有組織的活動，達到政治改革的目的。政黨的功能如下：

一、提供全盤性政策

一個政黨，能根據他們的主張或黨綱，提出具有全盤性或一貫性的意見。例如：教育白皮書、福利政策白皮書等。

二、執行及監督施政的功能

為了要實施政黨的全盤性政策，政黨爭取擔任執政或監督政府的工作。

三、反映和匯集民意

個人在社會上若要表達自己的意見，往往力量太薄弱，政黨集合多數相同政治主張者，並努力實踐其政治理想。

四、教育民眾對公共事務的認識

政黨也常藉著出版刊物，辦理各種研習會、演講、座談等，來教育民眾，並增加其對公共事務的認識。

因此，個人可以透過，下列三種手段，來表達對政黨政治的支持：

1. 人員：擔任政黨幹部，或義工。
2. 金錢：繳交黨費、或政治捐獻。
3. 選票：選舉時支持政黨所推出的候選人。

政治的範圍確實涵蓋甚廣，而各國政府的體制也不盡相同。古今中外，各種政治制度不斷的演進，都是為了要讓管理眾人之事，進行更順利。我們深信，惟有為民眾福址努力的政府，才會是得民心及持久的政

府。近年來，我國民眾的政治參與率也越來越高，民主政治社會中，應注意尊重別人並了解權利和義務的對等關係。相信在大家的參與下，我國各級政府一定會更臻完善。[54]

⊃ 政黨政治是民主政治的趨勢。

---

54. 吳錦鳳，黃聖桂，前揭書，頁187-188。

問題與討論

1. 試簡述民主之定義？

2. 試簡述議事中之多數決原則？

3. 何謂民意？

4. 何謂「多元政治」？

5. 試簡述政黨的功能？

第 **2** 章

法治的重要思維與學理

第一節

法治的概念

壹、何謂法治

　　法治(Rule of Law)，是指在某一社會中，法律具有凌駕一切的地位。所謂『凌駕一切』，指的是不單指任何人都必須遵守法律、甚至是管治機構的包括制訂者和執行者本身亦需要遵守法律，而法律本身亦被賦與一個非常崇高的地位，不能被輕慢。政府（特別是行政機關）的行為必須是法律許可的，而這些法律本身是經過某一特定程序產生的。換言之，法律是社會最高的規則，沒有任何人或機構可以凌駕法律。

　　「以法而治」(Rule by Law)[1]和法治(Rule of Law)是大相逕庭的兩個觀念。「以法而治」是指當權者按照法律治理國家，但這些法律不一定是由普通公民組成的立法部門制訂的。法治除了表示法律是最高的律法外，還隱含分權的意味，對普通公民有約束力的法律必須由大多數公民，或由公民組成的立法部門經大多數同意通過，行政部門的職責只是執行該等法律，並且受該等法律拘束。[2]

1.　國內學者亦有將 "Rule by Law" 譯為「法制」，彭堅汶教授認為：法治必須無違人權之保障，否則只是共產國家所稱之「法制」(Rule by Law)，即只重視政府是否依法辦事，卻完全不在乎該項法規是否違反基本人權，因此與法治原則下否定「惡法亦法」的理念，誠有相當大的差距。換言之，**「法治國」**的政府，一切的政策或行政作為，均是為了人民的需要；而**「法制國」**政府，則只是為政府管理或統治者的需要。請參閱：彭堅汶，《憲法》，台北市，中華電視股份有限公司，民國98年8月，再版，頁35。
2.　《維基百科，自由的百科全書》，2010年3月10日公布。

因此「以法而治」(Rule by Law)和法治(Rule of Law)最大的區別，並不在於法律是否拘束人民，而是在於掌握行政、立法、司法大權的政府是否和人民一樣，亦受到法律的拘束和控制。法治的內涵，與其說是要求所有人民守法，毋寧更側重於法律對政府權力的控制和拘束，否則法治(Rule of Law)即與「以法而治」(Rule by Law)難以區分。[3]

貳、法治理念

法治的理念早在遠古時代即已出現，在不同的社會及文化中，對法治的具體理解亦有些微的差別。英國著名的法律學者戴西(Albert Venn Dicey)在其著作《憲法的法律研究概論》(Introduction to the Study of the Law of the Constitution)中，具體的指出法治包含三個基本元素[4]：

(一) 第一個元素

在無有關法律公布施行前，無人會因違反該法律的行為而受到懲處。當權者不能有肆意的權力(Arbitrary Power)，意即當權者不能在有人做出某種行為後，而制定出有追溯性(Retrospective)的法律而懲罰某人。

(二) 第二個元素

任何人的權力均無法凌駕於法律之上，包括所有男、女，且不論其社會地位如何或其處於何種情況。

(三) 第三個元素

法庭的決定是維護個人權益的最後防線。

---

3. 同上註。
4. 《維基百科，自由的百科全書》，2010年3月10日公布。

現代立憲主義架構下的法治(Rule of Law)原則，充分表現在以下的思維中：在憲法優位性的前提下所有法律不得違背憲法外，政府與人民同受憲法與法律之規範，而且必須嚴守「正當程序」(Due Process)原則運作，不得因政府自由裁量權的故意，或人民主觀性的任意而有害社會正義(Social Justice)的體現，故學者以為實質的法治國，即可稱之為「正義國」。再則是法治必須無違人權之保障，否則只是共產國家所稱之「法制」(Rule by Law)，即只重視政府是否依法辦事，卻完全不在乎該項法規是否違反基本人權，因此與法治原則下否定「惡法亦法」的理念，誠有相當大的差距。換言之，「法治國」的政府，一切的政策或行政作為，均是為了人民的需要；而「法制國」政府，則只是為政府管理或統治者的需要。最後仍須注意者，即法治概念下民主的程序(Procedure)或過程(Process)是比結果來得重要，假如會議中違反程序，實質討論是必須終止，否則結果是毫無意義可言。除上所述外，法治至少仍須遵行以下幾項共識：

(1) 法律應是可以遵行的(Compliance with the Rules Must be Possible)；

(2) 法律之運作不溯既往(Not Retrospective)；

(3) 司法是獨立的；

(4) 法無明文規定不為罪；

(5) 同樣情況相同處理之律令；

(6) 法規不得自相矛盾(Not be Contradictory)；

(7) 法規不得朝令夕改(Not be Constantly Changing)。[5]

5.　彭堅汶，前揭書，頁34-36。

第二節

法治觀念之學理概述

壹、法治的內涵

法治(Rule of Law)的概念包含若干獨特的要素，這些要素來作為法治之價值基礎的超越性—「自然法原則」(Natural Law)。法治的價值前提是它對基本人權的承認。這些人權不能剝奪、不可侵犯。即使立法機關也不得以絕對多數的意見剝奪這些權利。憲法和法律不是基本人權的淵源，是其產物。是憲法和法律造就了統治者，而不是像「法制國」〔「以法而治」(Rule by Law)的理念所主張的那樣 — 統治者造就了法律。這還意味着憲法和法律可以修改，但是人的基本權利不可剝奪，維護這種權利的基本制度原理不得背棄。為確保人權不受踐踏，必須建立專門的司法審查和違憲審查機構，確保司法獨立。因為這些權利屬於個人，而個人是自治的。是否承認以基本人權為前提，及確立相應的保障制度，是法治與「法制國」〔「以法而治」(Rule by Law)〕的根本分歧之所在。[6]

法治中隱含的是一種消極的政治觀。[7] 既然法律本身包含着產生專橫權力的巨大危險，那麼，法治的使命就是把法律中的「專橫權力之惡」的危險降到最低程度。換句話說，在法治的使命中，止惡要多於揚善。而法律所要避免的惡只能是「法律本身所造成的惡」。可見在止惡

---

6. 劉軍寧，〈從法治國到法治〉，《共和、民主、憲政 — 自由主義思想研究》，上海，上海三聯書店，1998年12月，初版1刷，頁157。

7. 關於消極的政治觀，請參見：劉軍寧，〈善惡、兩種政治觀與國家能力〉，《讀書》，1994年，第5期。

的方式上，法治採用的是守株待兔，而非主動出擊的戰略。理想的法治是在於阻卻人性的惡化，尤其是對掌權者的本性要以悲觀的、消極的假設去看待，即法治社會的預設是對掌權者的不信任。「**在權力問題上，不要再侈談對人的信任，而是要用憲法的鎖鏈來約束他們不做壞事。**」（傑弗遜語）因此，法治排除了託付任何人、任何集團以無限權力的可能，不對掌權者的崇高理想和善良願望寄以絲毫的幻想。[8]

一、法治的基本要素和原則[9]

1. 法律必須是公開的，普遍的、穩定的、明確的、針對未來的、合乎實際的、且不自相矛盾的。法律不能是針對一些人特別制定的，而必須是對所有人同等適用的。同時，草率的立法造成法律條文的含糊不清、自相矛盾和朝令夕改對法治是極其有害的。

2. 法律必須是善意的、合乎情理的。因此，法治之下的法律不能要求人們去履行不應履行的不正當義務，或是去禁止完全不應被禁止的正當行為。

➲ 法治要求：提供一個公開的、普遍的、穩定的、明確的法律體系。

---

8. 劉軍寧，〈從法治國到法治〉，《共和、民主、憲政 ── 自由主義思想研究》，頁157-158。

9. 同上註，頁158-161。關於對法治基本內容的權威論述，請參見：A. V. Dicey,《Introduction to the Study of the Law of the Constitution》, 10th ed., London, Macmillan & Co., Ltd., 1961; F. A. Hayek,《The Constitution of Liberty》,Chicago, Henry Regnery Co., 1960 ; Lon Fuller,《The Morality of Law》, revised edition, New Haven, Yale University Press, 1969; John Finnis,《 Natural Law and Natural Rights》, Oxford, Clarendon Press, 1980.

3. 法律具有最高性。這意味着不允許存在超越於法律之上的權力，或專橫的權力，意味着任何人除有違反法律的事實行為，而受到法律上的懲罰外，不得任意遭受法律的懲處。此項原則十分重要。遵行與否即可區分，何者為受法律約束的政府？何者為專橫的政府？在實行法治的地方，政府就不能隨心所欲，為所欲為。

4. 法律必須是可預知的、可信賴的。這意味着法律與政策的制訂和實施，要依據事先公開的、制度化的程序規則。一切，法律必須公布於眾，因為法律旨在為所有的人提供一般性的行為準則。這意味着國家有義務公布法律，公民有權利知道國家所制訂的法律。未經公布的秘密法律或替代公開法律的祕密政策都是與法治相違背的。法律在沒有經過法定的程序修改之前，其適用的範圍和結果每次都是一致的，是可以預期的。不論是什麼人，所犯的罪行相同，所受到的處罰就應一致。要維持法律的可信性和可預知性就必須盡可能維持法律的穩定性與連續性，並做到違法必糾。

5. 法律面前人人平等。即法律必須平等地對待每一位公民，每位公民都有服從法律公平性之義務。如果法律賦予某些人不服從法律的權利，那麼這項法律本身就是專橫的。

6. 法律的目的本身就是正義的展現。如果法律服務於除正義之外的其他目的，那麼法律本身就是不正義的，有偏祖的。所以，法治要求對法律的執行必須依據公平一致的原則。一個普遍的、公平的、正義的法律，要求其在適用上，對於所有的人和事都一視同仁，不分性別、智愚、出身、種族、信仰、地域、場合。這意味不能選擇性的執行法律。

7. 一切法律都不得違背憲法，不得侵犯憲法所保障的權利與自由。憲法則不得違反保障人權和憲政原則。

8. 一切法律都必須接受違憲審查（亦稱司法審查），審查工作可由最高法院、憲法法院或憲法委員會承擔。

9. 司法必須獨立。即司法部門獨立行使司法權，不受其他部門或個人的干預，這是法治的制度性前提。為確立司法的獨立性，就必須力求司法部門、立法部門和行政部門，在其權限上要彼此分立、相互制衡。司法獨立還應包括律師在身分上，執行法律業務的獨立。

10. 越權無效原則。政府機構必須在立法機關的法律授權範圍內，行使其職權。任何行政機構行使職權，不得超越法律授權範圍外的行為。在法治之下，政府依法行政是法治的要求。依法行政的尺度有四：

   (1) 政府的一切活動有法律條文的依據。

   (2) 民眾對政府的不法行為有權抵制。

   (3) 政府因不法行為造成民眾的損失，應予以救濟，其形式包括行政救濟、司法救濟和賠償等。

   (4) 政府官員要對自己的違法行為，負法律責任。

11. 國家責任原則。這意味着政府及其機構應為其非法的或不當的行為負責，並補償由此造成的損失。公民的權利在受到政府的行政行為或其他個人的侵害時，應當能夠及時、公正地得到法律的有效援助。

12. 不溯及既往原則。即新的法律不能適用於過去已經發生的行為。溯及既往，不論在邏輯上還是在情理和法理上都是極其荒謬的，因為它意味着用今天的法律來指導人們昨天的行為。其後果不僅使得法律成為一句空話，而且可能開闢通往專橫權力之路。

13. 無罪推定原則和法律的正當程序原則。罪刑法定主義是文明國家公認的一條準則。這意味着非經公平、合法的審判不得定罪，不得實施沒有法律依據的懲罰。調查、檢查與審判必須分離，檢察官與法官不得兼任於一身。審判公開、證據公開。被告有權（通過律師）為自己進行辯護。（在一些國家，正當的法律程序還包括由陪審團來定罪。）與此項原則相關的是，罪罰相當原則，即重罪不得輕罰，輕罪不得重

罰。「正當程序」的原則包含對公職人員裁量權的限制，也包含對個人基本權利的保護。

二、 依法治的特定法律觀，法律必須滿足以下條件 [10]

(一) 法律必須由主權者制訂

在憲政民主政治之下，這個主權者就是由人民的代表選舉產生的立法機關。良好的立法程序，是實行法治的一個重要先決條件。為顧及立法者本身難免有局限，立法過程必須盡可能向社會各界開放，接受社會的批評和建議，鼓勵民間參與立法討論，如在立法機關內建立聽證會制度等，並通過正當的程序進行修改。

(二) 法律必須是公正的、不偏不倚的

法律的制定不能只接受由某個社會、團體強加的規則，因為這種團體所代表的少數，無權強迫社會接受只對該少數派有利的規則。根據同樣道理，民主制度中的多數派也無權對少數派實行專制。法律必須為所有的個人提供同等的保護，而不是只保護社會中的某個團體。

「法治國（社會）」與「法制國（社會）」的區別在於：在「法制國（社會）」中，民眾必須守法，政府可以不守法；在「法治國（社會）」中，人民必須守法，政府更必須守法。公民要守法是一切有法制的社會的共同特徵。在法治國，政府與公民都必須守法。所以政府是否守法，才是衡量是其為法治國的一個重要標準。自古以來，要政府守法比要民眾守法更難，因為政府手中握有權力。從這種意義上講，政府守法比民眾守法更為重要 [11]。

---

10. 同上註，頁161。
11. 同上註，頁161-162。

貳、法治與民主憲政

　　理論與實踐兩方面都證明，法治是民主憲政最有利的支柱之一。與一切其他形式的政體相比，民主是最合適，也最需要法治的政體。法治是自由民主國家的一項基本憲政原則。它意味着法律正當統治，即統治者和被統治者都必須在正義的法律所提供的框架內活動，任何公民與官員都不得逾越。法治與憲政分享共同的價值基礎，這就是自然法的正義觀與價值論。法治與憲政都以保障基本人權為根本原則。[12]

　　法治的落實首先要求有一部合乎憲政精神的憲法。在憲政之下，憲法正是根據體現這些基本人權的政治理想而制定的，它要求對政府的權力加以限制，對民選的立法機關也不例外。它要求權力分立，相互制衡；要求一切公共事務依正當的法律程序來處理。而法治則是實現民主憲政的最強而有力的工具。同樣，要實現法治，首先要求有一部合乎憲政精神的憲法。法治最充分地體現了憲政的「限政」精神。民主政治的落實與運作無法離開法治，民主政治的每個環節都是以法治為基礎的。[13]

　　法治與專橫的權力相對立。法治的主要功能在於約束專橫的權力。任何權力都不可能完全免於專橫之虞，而不論掌權者在行使專橫權力時的動機是多麼高尚，凡有政府行為的地方，就有可能產生專橫的決定。不僅專制獨裁者的權力不例外，以民主的方式產生的多數派的權利也不例外。法治要求實行「限政」的憲政，因而要求有分權制衡；違憲審查制度和強有力的人權保障機制。如果把權力都集中在一個威權手中，那就是個人獨裁，這樣的權力必然是專橫的權力。從這種意義上說，法治是對純粹民主的中和，對多數派權力的限制，以確保民主不致淪為專制。[14]

---

12. 同上註，頁162。
13. 同上註。
14. 同上註，頁162-163。

法治意味着人人應服從法律並由法律統治。法治是個人自由的重要保障，法治標定了人的行動範圍的基本界限。在這個範圍內他們享有充分的自由，法治保護這種自由免遭他人和政府的干預和侵犯。法治尊重人的尊嚴和自主性，及尊重個人主導自己前途和命運的權利，把安排個人前途命運的權利，交給了個人自己；反對對個人的命運遭受在外的（尤其是來自政府的）干預、涉入和控制。法治有助於個人的自治與自我實現，及選擇理想的生活方式，並確定個人的奮鬥目標。法治是個人自由的最強有力的保護者，它保障並增強人的自主選擇能力（不受政府的非法的、不當的干預）。[15]

　　我們檢視近代民主發展的軌跡，法治與民主憲政之間存在着十分親密的伴生關係。事實上，現代民主政治與法治有着「內在的必然性」。對民主真偽的判斷，首先要用法治的尺度來衡量；即指導國家機關活動和政治社會生活的政策，不是統治者個人或集團的專斷意志，而是對一切人均有同等約束力的客觀規律。這種法律不僅劃定了國家行為的界線，而且為個人的權利、自由提供同等的保護。在典型的現代民主社會中，民主是法治不可分割的一部分。法治支持民主，民主也兼容法治。法治通過對一切私人的、公共的權力施以必要的法律限制，從而保障了基本人權，支撐了民主秩序。況且，人格的平等是兩者共同的價值基礎。法治通過憲法中對平等的保障，有助於消除對部分公民的歧視，增加社會的安定和凝聚力，增加公民與公民之間、公民與政府之間的相互信任與凝聚力(Solidarity)。這種信任和凝聚力，是鞏固和維持民主政治的一個重要的精神因素。[16]

　　另一方面，法治與民主的伴生關係還表現在以下的政治現象上：沒有牢固的民主制度結構，也很難有牢固的法治。在非民主國家，由於統治者的權力過於龐大，尤其是缺少經過普選產生的代表機關，也就很難

---

15. 同上註，頁163。
16. 同上註。

有有效的違憲審查。根據作為法治之理論基礎的自然法，每個人對現行的法律是否合乎人性、正義都平等地擁有發言權，對法律的制訂、修改和完善都有相應的參與權、決定權。而建立在「法制」（「以法而治」；Rule by Law）基礎上的「人治」中，統治者的意志之所以成為法律，往往是因為他（們）宣稱，只有他（們）才有能力創設、支配規則，而一般臣民沒有這種能力，亦無必要擁有這種權利。[17]

在本質上，民主和法治的關係，與民主、憲政的關係是一致的。民主的憲法具有契約的性質。人民通過這樣的契約，為政府提供統治上的合法性，並授予其法律權限。政府則以這一紙「行動綱領契約」，代表全社會履行處理公共事務的職能。這一契約隱含着通過法治來實現對公權力的制約，及對憲法中所規定的基本人權予以法律的保障。民主對於法治的貢獻，在於民主制度下的立法機制（民主決策）。由於具有普遍的參與和廣泛的代表性，從而提高了法律的品質；民眾對於立法和執法的監督，是維護法治的重要途徑。法治的實現可以增加公民對政府的信賴。法治有助於提高民主政府的公開性和透明度，政府的一切作為皆在法律允許的範圍內行動。以法律的可預期性，來維持政府施政的穩定性和連續性，因而增加公民對民主政府的支持，喚起公民參與民主政治的熱情。法治還有助於提高公民與公民間、公民與政府之間的相互協調，從而降低政客個人任意的、不負責任的行為和政府專橫的行政措施。[18]

儘管如此，法治仍受到不少的指責。有人認為法治鍾情於自由，把自由擺在（結果）平等之上，先保障自由，後兼顧平等。而民主則青睞平等，傾向於平等優先，再兼顧自由。法治強調對契約與財產權的保護，這樣會加劇社會中的經濟不平等，及由此帶來的其他不平等。社會階層差距過大的不平等，會反過來限制對民主政治的參與。但是，「結果平等」與「權利」是兩回事。法律只能保障「權利平等」，不能保障「結果平等」，否則必然會侵犯人的基本權利，包括窮人的權利。其

---

17. 同上註，頁163-164。
18. 同上註，頁164。

次，若法律不保障契約和財產權，有權勢的人就可以無償地剝奪無權勢者的財產，拒絕履行契約，其後果不僅是加劇經濟不平等，而且會造成嚴重的政治不平等，最終導致「結果平等」和「權利平等」的雙重失落。況且，在一個社會中，一定程度的「結果不平等」不僅是正常的，而且恰恰為社會發展提供動力，關鍵是要維持一個公平的競爭環境和合理、有效的社會保障制度。[19]

還有人批評，法治與民主憲政中的「違憲（司法）審查」，不僅具有菁英主義傾向，而且會影響到政府的辦事效率。說其具有菁英主義傾向，是因為法治社會授予少數高級法官，有權否決立法機關以「多數決」所通過的法案。說其影響效率，是因為對立法和行政機關的「違憲作為的審查」需要耗費時日。可是，「違憲審查機制」是民主憲政制度不可或缺的一環，否則就會出現不受法律約束的權力。同樣，對這一審查權的約束也是必不可少的，所以，權力不僅要分立而且要相互牽制平衡，對違憲審查者的權力也不例外。審查所需之時間，固然會影響到行政效率，但違憲審查所構成的糾錯機制，正是現代民主政治制度優於其它政治體制的關鍵所在。沒有糾錯機制的政體，其行政效率可能極高，但這種高效率可能產生的重大弊病，在第二次世界大戰期間，納粹德國和日本帝國所引發的戰禍，實可作為今日的借鑑。[20]

法治對「純粹的民主」的確有所妨礙，因為他用「違憲審查」來制衡經過多數人同意所形成的民主決定。也正是這種反制，才使少數一方權利得到保護，制止憑藉多數所可能出現的專制，從而實現對民主的憲政改造，實現了憲政對國家權力所施加的必要限制。即使在民主制度之下，如果法律僅僅是多數人的意志；那麼按照這種意志所制訂的法律也可以無善不為，或者說無惡不作。即使在按照這種意志立法的民選立法機關中，任何可能的事情都可能（通過法律的形式）變成合法的事情：如沒收財產、剝奪自由、政治迫害、種族滅絕。[21]

---

19. 同上註，頁164-165。
20. 同上註，頁165。
21. 同上註，頁165-166。

活老百姓呀！
別摸魚！

⮑ 任何可能的事情（通過法律的形式）都可能變成合法的事情。

　　無可否認，法治（憲政）與純粹的民主之間存在着某種緊張，或者說，有相互衝突之處。純粹的民主強調「多數一方意志」的至上性，而法治則強調憲法和法律具有高於「多數一方意志」的最高性。法治對純粹的民主的改造，正反映法治在現代民主政治中，具有其不可替代的、不可或缺的獨特價值。歷史殷鑑不遠，一個沒有法治的純粹民主政體，其生命週期是非常短暫的，同時也埋下另一個新的專制極權政體的誕生機會。[22]

22.　同上註，頁166。

參、公民不服從

一、「公民不服從」理念

公民不服從(Civil disobedience)，為在憲政體制下處於少數地位的公民表達異議的一種方式，是一種反對權的政治權利。[23]

公民的「反對權」就是指「公民不服從」，雖有可能涉及違法行為，但卻是出於「社會良知及正義」的公共利益之關注而不得已所選擇的一種手段，是少數人基於對法律忠誠的一種喚起多數人認同的非常手段。[24]

基於公民的道德、良知所從事的「公民不服從」，這是不同於一般的「『暴民』反抗」。「公民不服從」的從事者所訴求的「標的」，是否符合「社會良知及正義」的公共利益？是需要訴諸社會多數人的認同所進行的一種抗爭行為。[25]

---

23. https://zh.wikipedia.org/zh-tw/公民不服從，2018年7月21日查閱。
    它是一種針對不正義法律或政策的行為：它不僅包括直接的「公民不服從」——直接違反要抗議的法律，例如，在馬丁路德‧金恩發動的黑人民權運動中，黑人故意進入被惡法禁止他們進入美國某些地方以顯示法例的不公義；也包括間接的「公民不服從」，例如，現代的社運或民運通過違反交通法規來引起社會注意某種政府政策或法律的不公義。

24. 同上註。

25. https://zh.wikipedia.org/zh-tw/公民不服從，2018年7月21日查閱。
    「『暴民』反抗是違法的行為：它以違法方式來抗爭。故此，『公民不服從』是比一般示威行為激進的抗爭方法，因此它是非法的；若進行的一種抗爭行為為社會多數人所認同的，則是合法的」。柯漢琳，〈「公民不服從」中的法律、道德和宗教〉，《東方文化》。（《東方文化》雜誌社。2009簡體中文），「『公民不服從』」是一種力求合乎道德的行為，這首先是指合乎一種公民的道德，這是一種『公民』的不服從、而不是一種『暴民』的反抗，當然，也不是一種『順民』、『臣民』的服從。所謂『公民的不服從』，就意味著它要遵循公民的基本道德和義務，要出自一種負責任的態度，要充分考慮自己行動的後果。它也是一種出自抗議者的良知，並試圖訴諸多數或社會的良知的行為。……」

羅爾斯(John Rawls)在《為公民不服從正當性辯護》(The Justification of Civil Disobedience)(1969)與《正義論》(A Theory of Justice)(1971)的表述，公民不服從之主要涵義為：

1. 它是一種針對不正義法律或政策的行為：它不僅包括直接的「公民不服從」——直接違反要抗議的法律，例如，在馬丁路德‧金恩發動的黑人民權運動中，黑人故意進入被惡法禁止他們進入美國某些地方以顯示法律的不公義；也包括間接的「公民不服從」，例如，現代的社運或民運通過違反交通法規來引起社會注意某種政府政策或法律的不公義。

2. 它是違法的行為：它以違法方式來抗爭。故此，它是比一般示威行為激進的抗爭方法，因為後者是合法的，而它卻是非法的。

3. 它是一種政治行為：它是向擁有政治權力者提出來的，是基於政治、社會原則而非個人的原則，它訴諸的是構成政治秩序基礎的共有正義觀。

4. 它是一種公開的行為：它不僅訴諸公開原則，也是公開地作預先通知而進行，而不是祕密的。故此，它有如公開演說，可說具有教育的意義。

5. 它是一種道德的、非暴力的行為：這不僅因為它是一種表達深刻和認真的政治信念，是在試過其他手段都無效之後才採取的正式請願，也是因為它是在忠誠法律的範圍內（雖然是在這範圍的邊緣上）對法律的不服從。這種忠誠是通過公開、和平以及願意承擔違法的後果來體現的。它著重道德的說服，故此一般都是和平的、非暴力的。

羅爾斯認為，公民不服從如果引起社會動盪，其責任不在「抗命」的公民，而在那些濫用權力和權威的人[26]。

二、「公民不服從」運動的特徵

依據國立清華大學開放式課程平台，人文社會學群 GEC 110300，「價值與實踐」課程，第11講 遵守法律是道德義務嗎？論「公民不服從」（鄭喜恆教授）一文所述，「公民不服從」運動的特徵，如下：

「公民不服從」的行動是本諸良心或道德原則，以與政府及社會溝通為目的，以違反法律的行動來對某些法律或政策表達抗議與遣責，希望能促使政府與大眾同意改變這些法律或政策；並且具有「公開活動」、「非暴力」、「願意接受法律的懲罰」等特徵，這些特徵顯示出「公民不服從」的行動對於既定法律體系的尊重。[27]

事實上，公民不服從的運動者，正是站在法律的立場上，來抵抗他們心目中不正義的法律或是政府行政，而他們從來也不認為自己的行為是合法的，而且已經預期到要接受法律的處罰或制裁。因此，公民不服從雖然本身涉及行為的違法性，但不代表公民不服從行動者，就是不具守法態度，或是法律的破壞者，相反的，正是承認守法義務與對於法律的忠誠態度讓公民不服從的實踐成為可能。[28]

公民不服從的違法行為，跟一般的違法行為有什麼不一樣？其差別是顯而易見的：首先，公民不服從運動者不會主張自己的行為合法，所以他們主張的是「理性、和平、非暴力」等等；其次，公民不服從運動

26. 〈Civil disobedience〉, Stanford Encyclopedia of Philosophy；鄭喜恆，〈遵守法律是道德義務嗎？論「公民不服從」〉，國立清華大學；易珊如，《論公民不服從在代議民主下的合理性》(On the Rationality of Civil Disobedience in Representative Democracy)，國立中央大學哲學研究所[2013-9-6]。

27. 鄭喜恆，〈遵守法律是道德義務嗎？論「公民不服從」〉，國立清華大學；國立清華大學開放式課程平台，人文社會學群GEC 110300，「價值與實踐」課程。

28. 《為何法官會判太陽花學運無罪？讓我們先復習一下何謂「公民不服從」》，https://www.thenewslens.com/article/64966，2018年7月21日查閱。

所欲達到的目標，是讓不正義的法律或行政得以改正。[29]因此，這也是太陽花學運[30] 的領導人們全部獲判無罪的主因。

人民主權與憲法主權

壹、主權與主權者的意義與作用

何謂主權？在政治學上提到主權，我們要注意區分主權的兩種意涵；其一是對外主權(External Sovereignty)的意涵，其二是對內主權(Internal Sovereignty)的意涵[31]。前者主權的意涵，意指國家的構成要素之一；政治學上的通說，國家的構成要素有四：領土、人民、政府與主權。國家的「對外主權」，意指國家不容許外來勢力干預內政；一個國家的內政，如果遭受到外來強制勢力的干預，則我們就說這個國家的主權受到侵犯。一個國家的主權如果長久遭受到侵犯且侵犯的程度日益深

---

29. 同上註。

30. 太陽花學運是指自2014年3月18日開始，由台灣學生主導並且以中華民國立法院為主要據點的學生運動與社會運動。其中在當天9時，反對中國國民黨單方面將《海峽兩岸服務貿易協議》在立法院委員會通過，交付院會討論。宣告存查的學生占據了立法院議場。儘管內政部警政署曾經多次嘗試驅離占領議場的抗議學生卻都宣告失敗，與此同時來自台灣各處的示威群眾也紛紛前往立法院附近支援。
https://zh.wikipedia.org/w/index.php?search=%E5%A4%AA%E6%A5%8A%E8%8A%B1%E5%AD%B8%E9%81%8B&title=Special:%E6%90%9C%E7%B4%A2&go=%E5%9F%B7%E8%A1%8C&searchToken=epyw9afimhyl9vpnueg9k8f17，2018年7月23日查閱。

31. 「對外主權」與「對內主權」的區分，參閱：涂懷瑩，「主權」，雲五社會科學大辭典第三冊《政治學》，台北，台灣商務印書館，民國65年，頁67。

化，則那個國家就會逐漸消失去「國家」的地位[32]。不過，「對外主權」的意涵，不是本文所要探討的；本文所要探討的，是「對內主權」的意涵。

國家的「對內主權」，意指國家內部存在著「最高的統治權威」，此一「最高統治權威」凌駕在國家內所有組織、團體、群體等各種各項權威之上。具有最高權威的統治者，就是政治思想中所謂的「主權者」(Sovereign)。若主權者是君王，就是君主政體(Monarchy)；主權者是人民集體，就是民主政體(Democracy)。在國家社會中為什麼要具有最高統治權威的「主權者」呢？政治思想家為什麼要推崇「主權者」的地位與價值呢？在近代「憲政思想」(Coustitutionalism)與「法治思想」(Rule of Law)發達以前，政治思想家推崇「主權者」地位與思想的價值的道理是不難理解的。人與人之間不免會發生衝突的（利益衝突或意見衝突等），國家社會中各個政治勢力(Political Force)之間更是不免會發生衝突，如果衝突的各方始終是相爭不讓時，則要如何解決衝突呢？如果沒有「主權者」立於最高統治權威的地位來仲裁及規範人們的衝突，要解決相爭不讓的衝突，恐怕就只有訴諸暴力一途。[33]

---

32. 莊輝濤，《重建民主理論》，台北市，韋伯文化事業出版社，1999年9月，初版1刷，頁92。

依據一九三三年十二月二十六日訂立的〈蒙特維多國家權利義務公約〉(Montevideo Convention on the Rights and Duties of States)第一條規定：「國家作為國際法人應具備下列資格：(1)固定的居民；(2)一定界限的領土；(3)政府；及(4)與他國交往的能力。」從國際法的觀點來看，第四個資格最為重要。一個國家必須具有與他國維持對外關係的能力，這使國家與其他國內的政治單位（如省、州、市、縣等）不同；後者雖具備公約中第一到第三的資格，但因欠缺第四個資格，所以不是國家，也不是國際法的主體。雪瑞爾(I. A. Shearer)教授在《史塔克國際法》(Starke' s International Law)一書中亦有類似的見解：「國際法上所要關心的，以第四要件最為重要。一國必須有被他國承認之能力，以與他國維持對外關係。這適當地區分了國家與其他如聯邦中之成員或被保護國(Protected State)等次級團體的不同，它們不能掌理其對外事務，並且不被其他國家承認為國際社會的完整成員。」（陳錦華譯，I. A. Shearer原著，《國際法》(Starke's International Law)，台北市：五南圖書出版股份有限公司，1999年，初版，頁120-121）。

33. 莊輝濤，前揭書，頁92-93。

因此，政治思想家自然要推崇在國家社會中存在著具有最高統治權威的「主權者」。如果國家社會中的所有個人、組織、團體、群體、政治勢力等，無論是自願或被強制，都共同服從「主權者」的意志與仲裁，則自然就能建立社會秩序及防治社會動亂。[34]

┃貳、個人主權者的流弊

在人民主權(Popular Sovereignty)思想興起以前，政治思想家推崇「主權者」就是「君王」。政治思想家推崇君王是主權者，因此自然會主張君王應該具備「主權者」的兩項「屬性」：其一，主權者具有「天賦神授的統治地位」；其二，主權者具有「不受限制的統治權威」，意即宗教、律法及道德理念可以規範所有的人，唯獨是不能規範君王的主權者。[35]

政治思想家推崇個人主權者的地位與價值，然而，「個人主權者」政體的實際狀況會是如何呢[36]？

「個人主權者」政體的實際狀況自然還是存在著嚴重的問題：

其一，鞏固個人主權者的主權地位，固然可以維護社會秩序及防制社會動亂，然而卻開啟個人主權者「濫權腐化」的便利大門。

其二，最高統治權威地位容易使個人主權者陷入濫權腐化的統治狀態，甚至是無限制濫權腐化的統治狀態，因此個人主權者具有最高統治權威，有時候反而成為社會動亂的根源。

---

34. 同上註，頁93-94。
35. 同上註，頁94-95。
36. 同上註，頁95-97。

其三，就算個人主權者盡量避免濫權腐化的統治行為，恐怕還是不能完全免除可能發生的社會動亂，這種社會動亂就是各種政治勢力覬覦及爭奪個人主權者地位所引發的社會動亂。

由上述可知，個人主權者的統治制度至少還存在著兩項嚴重的問題：其一，個人主權者的統治制度「容易」使主權者「陷入」濫權腐化的統治狀態；其二，個人主權者的統治制度還是不能使人類社會完全免於社會動亂及社會秩序瓦解的威脅；相反地，個人主權者地位反而可能成為引發社會動亂及社會秩序瓦解的根源。[37]

近代民主思想家認為只要實行人民主權的統治制度，自然能泯除個人主權者統治制度的弊害。人民集體具有最高的統治權威，自然不會有個人主權者；人民集體選任統治人員，使統治人員受到人民集體權威的約制，也不會有統治階級無限制侵犯多數人利益或公共利益的弊害。人民集體具有最高統治權威，沒有了個人主權者，各種統治人員也由人民集體來選任，所謂「以數人頭來代替打破人頭」，自然就不會發生爭奪個人主權者地位及各種統治地位的社會動亂及暴力衝突，自然就能建立長治久安的政治秩序。再者，民主思想家也認為人民集體行使最高統治權威，可以培養普遍人民的公共人格與道德素養[38]。然而這只是一種理想狀態，民主思想家認為人民主權統治制度可以解決「個人主權者」統治制度的弊害，此等想法，亦恐不盡然如此。[39]

---

37. 同上註，頁97。

38. 彌爾(John Stuart Mill)認為：民主不僅是一種可以保障社會中全民利益的統治制度，而且有是一種過程；在民主政治中，人們可以發展自我利益。且提升公共人格。民主政治可以促進人們智力、能力、道德的進步，且可以將人們現有的智力、能力、道德匯集起來，用於處理公共事務。充分民治的政體，不僅有利於良好的管哩，且比其他任何政體更能促進一種更好更高上的民族性格。美著名教育家杜威(John Dewey, 1859-1952)也說：民主是一種生活方式，我認為這句話的要義是：每一個成熟的人都必須參與政治，共同規劃公共生活的各項價值；無論從促進社會利益或促進個人性格完全發展的觀點看來，每一個人的參與都是必要的。參見 John Dewey, "Democracy and Educational Administration" in Joseph Ratner, ed., *Intelligence in the Modern World*(New York,1939), p.400.

39. 莊輝濤，前揭書，頁99。

參、理想的民主制度 ── 憲政主義

如果人民主權思想或公民決策具有最高統治權威的制度思想，果真成為了政治實際，人類政治文明衰退的災難恐怕就旋踵而至。為了避免上述人民主權思想或公民決策制度內含的弊害，人類政治文明的發展，其實已經開展出憲政主義的思想與制度，及確立代議統治的原則。[40]

憲政主義強調人類社會中有若干政治價值或真理，是神聖不可侵犯的，任何統治權威均不得侵犯這些神聖的價值真理，政府的統治權威固然不可侵犯這些價值或真理，即便是人民集體的統治權威也不得侵犯這些價值真理。憲政主義就是用來限制各種統治權威的。例如有哪些神聖不可侵犯的價值真理呢？例如有：各種人權保障、司法獨立、自由公開的選舉、比例原則、政府分權制衡的原則、違憲審查制度、責任政治、法律統治、某種程度的地方自治、對國家忠誠、代議統治的原則、對弱勢群體的特別保障……等等。這些神聖不可侵犯的價值真理就是憲法(Constitution)的主要意涵；憲政制度就是要將任何統治權威，都拘限在憲法的規約之中。於是，憲政制度自然就成了保障少數人或弱勢團體免於受到多數人或強勢團體統治權威濫權侵害的保護制度。人民集體的統治權威不能為所欲為，必須受到憲法權威的拘限，我們就不能說人民集體具有最高的統治權威。[41]

確立代議統治的原則，就是原則上將人民集體統治權威拘限在選任各種統治決策人員，而不讓人民集體具有統治決策的權威；或者說人民集體的權威只能立於「監督」統治者的地位，而不得立於「統治」的地位；人民集體的投票表決只能用來選任統治決策者，而不能用來做決策。公民決策制度被嚴格限制或禁止，民選的「代議政府」執掌國家統治法令的決策權[42]。人民集體的權威被拘限在只能選任統治決策人員，而不得干預

---

40. 同上註，頁107-108。
41. 同上註，頁108。
42. 除了瑞士(Switzerland)較常舉行全國公民決策以外，大多數民主國家均嚴格限制或禁止全國公民決策制度。

統治決策，則人民集體又如何具有最高的統治權威呢？[43]

人民集體的權威不得違犯憲法的規約，且被拘限在只能選任統治決策人員，不得干預統治決策，如此一來，就等於是否定人民主權思想。人類政治文明的發展，開展出了憲政主義的思想與制度，及確立代議統治的原則，其實就等於是否定人民主權思想。[44]

其實，人類政治思想的演進，自古以來就有類似憲政主義的思想。例如歐洲中古世紀的「自然法」(Natural Law)與「神聖法」(Divine Law)思想就認為統治者的統治權威不可以濫權妄為，必須遵從「自然法」與「神聖法」的規約。「自然法」可說是人類理性能力所能共知共識的基本善惡準則，「神聖法」則是宗教所詮釋的上帝啟示。[45]

---

43. 莊輝濤，前揭書，頁108。
44. 同上註，頁109。其實早在十八世紀，盧梭(J. J. Rousseau)就已經認為代議統治制度違悖了人民主權思想。盧梭說：正如主權是不能轉讓的，同理，主權也是不能代表的；主權的本質就是人類集體的公共意志(general will)，而意志是不可以代表的。意志只能是同一個意志，或是另一個意志，絕不能有什麼中間的東西。因此，民選的議員就不是、也不可能是人民的代表。議員只不過是民選的辦事員罷了，他們並不能做出任何確定的決定。凡是沒有經過人民親自批准的法律，都是無效的，那些根本就不是法律。英國人民自以為是自由的，其實，他們是大錯特錯了，他們只有在選舉國會議員期間，才是自由的，議員選出來以後，他們就成了奴隸，他們就等於零了。參見Rousseau, The Social Contract, III-15. 本文的觀點是：幸好人類政治文明的發展，否定了人民主權的統治制度，否則，人民主權的統治制度就可能嚴重打擊人類的各種文明發展。
45. 同上註，頁109。例如羅馬時代的法學家西塞羅(Cicero, 106-43 B. C.)記述著「自然法」的權威：事實上，存在著一部真正的法律－即公正的理性(right reason)－它與自然相一致，適用於一切人，且是不可改變及永久的。依據公正理性的命令，要求人們履行他們的職責，依據公正理性的禁令，制止人們去做錯事。用人類的法規使這部公正理性的法律失去效力，在道德上絕不是正當的，即使限制它的實施也是不能允許的，而完全廢除它則是不可能的。不論元老院還是人民集體，都不能解除我們服從這部法律的義務。這部法律不會在羅馬立下一項規則，而在雅典立下另一項規則，它也不會今天是一項規則，而明天又是另一項規則。這是一部永久的和不可變更的法律，在任何時候都約束著所有人民。上帝是人們共同的主人和統治者，也是這部法律的起草者、解釋者和保證者。不服從這部法律的人，就是放棄了較好的自我，就是否定了一個人的真正本性，因此將會遭到最嚴厲的懲罰，儘管他可能逃脫了世俗的懲罰。引自：G. H. S. Sabine and T. L. Thorson, *A History of political Theory*, 4th ed.(Hinsdale, Illinois；The Dry-den Press, 1973),p.161.

統治權威不得違反人類理性所能共知共識的善惡準則及上帝的啟示，這種統治權威必須受到拘限的思想觀點，就如同是近代憲政主義的基本意涵。[46]

肆、政府與人民集體互相牽制

現代民主政治運作，人民集體可以撤換政府統治決策人員，所以政府統治決策人員固然不是主權者，然而，如前所述，人民集體也不是主權者，政府與人民之間究竟是處在怎麼樣的互動狀態呢？其實，現代民主政治運作中，政府與人民之間可以說是處在一種互相牽制的互動狀態；我們或許可以稱這種互相牽制的互動狀態為一種「廣義的分權制衡」的互動狀態。「狹義的分權制衡」是指政府之中的立法、行政、司法三部門的分權制衡，「廣義的分權制衡」則是指政府與人民之間的分權制衡。政府有「統治權」，用來統治人民，人民有「監督權」，用來監督政府，「政府統治權」與「人民監督權」相互牽制。「政府統治

⊃ 政府和人民集體互相牽制。

---

46. 同上註，頁109。

權」有立法統治權、行政統治權、司法統治權；本文要特別一提的是：我們其實不應該將議會當做是代表人民的「代議機構」，而應該將議會當做是政府概念中的立法部門；議會執掌立法權，自然是政府概念中執掌立法統治權的立法部門，政府概念中，怎麼可以沒有「立法」呢[47]？「人民監督權」則有選舉監督權、罷免監督權，另外輿論或大眾傳播媒體、政黨（尤其是在野政黨）、壓力團體等對於政府的監督，雖然沒有強制性，卻往往能產生強大的監督力量，因此我們或許可以稱輿論、政黨、壓力團體等的監督權威是一種「準人民監督權」。[48]將「政府統治權」與「人民監督權」的互動以圖2-1表示如下：

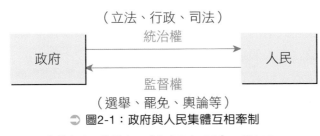

圖2-1：政府與人民集體互相牽制

資料來源：莊輝濤，《重建民主理論》，頁110。

政府有統治權，人民如果腐化妄為，就會遭到政府統治權的懲罰，因此人們就不敢腐化妄為；政府也不敢腐化妄為，因為人民可以撤換腐化妄為的執政者；普遍人民自然不會容忍顯然腐化妄為的執政者繼續執政。人民不敢腐化妄為，政府也不敢腐化妄為，因此就能建立良好的政治社會秩序。我們因此可以較深刻理解到：現代民主政治運作的價值，在於政府與人民集體處在一種互相牽制的狀態，而不在於人民集體具有

---

47. 同上註，頁110。莊輝濤教授認為：「我們應該將議會議員詮釋成是『立法者』或『立法統治者』，而不應該將議會議員詮釋成是『人民代表』；人民與議會議員之間的關係，不是『委任者』與『被委任者』的關係，而是『監督者』與『立法統治者』的關係。」

48. 同上註，頁109-110。

最高統治權威；人民集體如果具有最高的統治權威，則誰來牽制人民集體的腐化妄為呢？絕對的權力，絕對地腐化，腐化的絕對權力自然是無可救藥的；因此，現代民主政治的真諦與價值，在於分權制衡，而不在於人民主權；現代民主政治的真諦與價值不在於推崇人民集體是個「主權者」，正好相反，現代民主政治的真諦與價值就在於否定人類社會有所謂「主權者」的存在。我們所要推崇的，是人民集體立於「監督者」的地位，而不是人民集體立於「主權者」的地位。[49]

⮞ 人民集體與政府必須分權制衡，才不至於腐化妄為。

伍、理想的民主思想 —— 憲法主權思想

否定了「個人主權者」思想及人民主權思想，是否就等同於否定了主權思想或「對內主權」思想呢？當然不是。我們所排拒的是「主權者」思想，卻不是主權思想；我們所排拒的是個人、少數人、或人民集體具有最高的統治權威，卻不是否定人類政治社會需要有最高的統治權威；相反地，我們還要推崇主權思想的重要價值。如前所述，人類社會如果沒有存

---

49. 同上註，頁110-111。

在最高的統治權威，則要如何解決人類社會中各種相爭不讓的衝突呢？所以，一個有秩序的政治社會定然是需要存在最高的統治權威的。[50]

　　人類政治社會中，最高的統治權威應該在憲法；現代民主政治運作中，最高的統治權威應該在憲法；接著，就是本文所要闡釋的**憲法主權**(Constitutional Sovereignty)思想。[51]

　　憲法主權即在國家社會中憲法具有最高的統治權威；所謂憲法自然是指人類現代政治文明**憲政民主**(Constitutional Democracy)意義的憲法。「憲法具有最高的統治權威」內含三種意涵：其一，憲法是國家社會中各種統治權威與監督權威的「最終來源」（在現代民主政治運作中，統治權威與監督權威是並存的）；各種統治權威與監督權威或許有它的直接來源，例如某法律的施行細則，某法律即是該施行細則的直接來源，然而憲法則是該施行細則的最終來源，因為憲法賦予立法機關立法的權威；其二，國家社會中的任何個人、組織、團體、甚至是人民集體（「人民集體」在政治運作上的意義就是指「公民集體」的意思）均必須遵從憲法的規約，或均不得將意志或權威凌駕在憲法之上；其三，憲法是解決國家社會中一切衝突的最後且最高權威的仲裁依據，換言之，各種法令規章都可以做為仲裁依據，但是憲法是最後且最高的仲裁依據。[52]

　　憲法主權的統治制度，存在有最高的統治權威，維護了政治社會秩序，卻不會有「主權者」可能濫權腐化的問題；具有主權之利，免除「主權者」之弊。憲法具有最高的統治權威，也詮釋了真正法治社會的基本意涵：人們所服從的，是「法」的權威，而不是「人」的權威。法治社會的價值在於：不是以「人的主觀意志」來統治社會，而是以「法的客觀真理」來統治社會。[53]

50.　同上註，頁111-112。
51.　同上註，頁112。
52.　同上註。
53.　同上註，頁112-113。

將憲法主權概念擺進圖2-1中，就成了較完整的現代民主政治運作的基本概念架構如圖2-2所示：

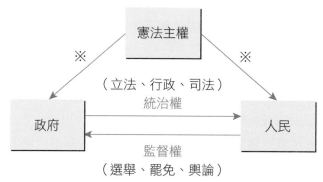

○ **圖2-2：憲法主權、政府統治權與人民監督權**

資料來源：莊輝濤，《重建民主理論》，頁113。

註：憲法主權下方的箭頭符號內含三種意涵：一、憲法是各種政府統治權威及人民監督權威的最終來源；二、政府統治權及人民監督權的互動運作不得違反憲法的規約；三、憲法是解決各種衝突的最後且最高權威的仲裁依據。

　　根據莊輝濤教授對憲法主權思想與人民主權思想的競合，他提出個人觀點：「本文否定了人民主權思想，並提出且頌揚憲法主權思想，然而，在各個民主國家的憲法中卻往往有遵從人民主權理念的條文[54]；對於憲法中遵從人民主權理念的條文，我們應該如何理解呢？我們可以將各國憲法中遵從人民主權理念的條文理解誠如我國憲法中所載：中華民

---

54. 例如：德國基本法第二十條第二項：一切國權均來自國民。日本國憲法前言：茲特宣告主權屬於國民。法國第五共和憲法第三條第一項：國家主權屬於人民。義大利憲法第一條第二項：主權屬於人民，人民依本憲法所定方式，在其範圍內行使之。菲律賓共和國憲法第二條第一項：菲律賓為一共和國，其主權屬於國民全體。土耳其憲法第三條：主權無條件屬於國民。大韓民國憲法第一條第二項：大韓民國之主權屬於國民全體。引自：林紀東，中華民國憲法逐條釋義(一)，（台北，三民書局，民國79年），頁32-33。

國的主權屬於國民全體的意思。『國民全體』包括幼童、未成年國民、心神喪失的國民等有參政權，顯然國民全體是一個不可分割且無法運作的概念，沒有任何可以展現意志的集體等於是國民全體，即使是公民集體也不等於是國民全體；因此，所謂『國家的主權屬於國民全體』，不過是用來取悅一般人們的空話罷了。國民全體是一個無法運作的概念，所以國家的主權屬於國民全體，是一句空話；公民集體是一個可以運作的概念，然而，公民集體卻必須遵從憲法理念的規約。」[55]

陸、憲法主權思想與法治時代

在人治(Rule of Man)的時代，為了避免國家分裂及社會動亂，頌揚君王主權思想，似乎是理所當然的；在革命的時代，為了推翻君王主權者的統治，鼓吹人民主權思想，也是很自然而然的，因為人民主權思想可以匯集巨大的人民革命力量；但是，到了法治時代，我們就不宜再頌揚人民主權思想；我們怎麼可以以將法治的權威，擺在人民集體多數人統治意志為所欲為的操控之下呢？「水能載舟，亦能覆舟」，人民主權思想可以瓦解君王統治制度，也可以毀壞法治的統治制度。[56]

---

55. 同上註，頁116-117。
56. 同上註，頁117-118。

◯ 人治時代的君王主權思想。

如果我們要鞏固法治的統治制度，則我們就要闡揚憲法主權思想，使憲法理念成為政府與人民集體共同遵從的最高統治權威。表2-1可以表示不同時代的主權思想。[57]

表2-1：不同時代的主權思想

時代	主權思想
人治時代	君王主權時代
革命時代	人民主權時代
法治時代	憲法主權時代

資料來源：莊輝濤，《重建民主理論》，頁118。

---

57. 同上註，頁118。

就人類政治文明的演進而言，「革命時代」是人類從「人治時代」發展到「法治時代」的過渡階段；因此，人民主權思想也應該是人類從君王主權思想演進到憲法主權思想的過渡階段。人民主權思想是革命時代的思想，因此，人民主權思想就應該與革命時代共同走進歷史；我們要追求法治時代，就應該闡揚憲法主權思想，使憲法主權思想成為法治時代的意識形態；使憲法主權的意識形態，成為鞏固法治制度的堅固磐石。[58]

第四節

法治與民主制度相輔相成

廣泛地堅持民主制度是組織政治生活的最適當形式，此種論點至今尚未超過百年。當今世界大多數的國家都是民主國家，但從這些國家的政治發展史中，不難發現民主制度是極難締造的，也是最不易維繫的。究其主因則為民主與法治間的平衡取捨。

「民主政治」的意思是「人民的統治」，人民在其中存在著「政治平等」有別於君王統治。人民要來引導政治的發展，人民應如何做？人民需要什麼？其實無人比自己更了解自身的需求與利益，所以民主意味著每個人都可盡情地滿足自己的需要，發揮自我的潛能，表達個人意願。但是「人民」是許多個體的總稱，當每個個體都充分展現自我需求時，衝突在所難免，其中用來裁判個人孰是孰非者，非「法治」以為斷。

---

58. 同上註。

就民主制度而言，法治是使民主制度能發生實際效力的方法。就人權保障而言，法治則使普世價值的人權和各國憲法上所保障的基本權利，不受來自他人或政府的非法侵犯。

雖然現代大多數國家的立法程序與立法代表的產生方式不盡相同，但均認同法治的重要性。法治的優點在於能有效防止特定的個人，或政府權力凌駕法律，而傷害其他大多數人的利益。

法治的重要原則就是，當法律面對政府無限上綱的權力與人民的「放任」(*Laissez-faire*)時，都具有普遍拘束力；換言之，擁有強大權力的政府與享有充分自由的人民，都應共同尊重和遵守法律。非經民主機制所制定出的法律，往往會淪為政府對人民的統治工具，它不能有效拘束政府權力，這並不符合完整、正確的法治原則。因此民主也可說是法治的必要前提和實質內涵之一。[59]

民主制度的具體表現之一，是在人民能直接或間接（透過民選的議員、代表）制定各種法律，如果法律不被尊重或遵守（特別是不被政府所尊重或遵守），民主制度也形同虛設。因此，民主制度的內涵也包含落實法治原則。[60]

對於社會上常見的違法或脫序現象，尤其是以激烈、游走於法律邊緣的手段向政府爭取權利的行為，政府官員常常會呼籲和要求人民「守法」以尊重「法治」。這其實是將「法治」的意義誤解和窄化為「以法而治」(Rule by Law)。[61]

在一個開放與成熟的民主、法治社會中，人民的自由權利為法律所保障，無法律依據政府不得任意限制之。雖然，有時候會出現少數人過於激進、脫序甚至與他人自由權利衝突的言行，給人有一種「法治亂象」的觀感，因此有人提出「有了民主更要法治相配合」、「法治與民

59.　《維基百科，自由的百科全書》，2010年3月10日公布。
60.　同上註。
61.　同上註。

主一樣重要」，甚至「法治優先於（或重於）民主」的論點。但我們若深入理解法治和民主之間的關係，或將法治的特質側重在拘束和控制政府的權力，以保障人民的人權，那麼某些社會亂象，並不一定是代表明顯違反法治的原則或法治落後。它可能只是因為一時的法律制度不夠完善，或者是因為執法落後、消極而已。亦有論者批評生活在較民主、開放社會中的人較欠缺法治素養，此種論點只是利用民眾對法治概念無法精確掌握，而以法治為藉口來抵制民主、開放的生活型態，或者以法治為由限縮人民更多的自由權利。[62]

---

62. 同上註。

問題與討論

1. 何謂法治？

2. 法治包含哪三個基本元素？

3. 主權有哪兩種意涵？

4. 國家的構成要素為何？

5. 何謂憲法主權？

第 3 章

人權理念

3
Chapter

第一節

人權、基本權利與權利的差異

┃ 壹、真正的基本權

在阿部照哉、池田政章、初宿正典、戶松秀典合著之《憲法（下）── 基本人權篇》中，渠等認為日本憲法所保障的權利，被稱為「基本人權」（第十一條），在許多場合，「基本人權」與「人權」係被相互互換地使用【在德國，稱《基本法》(*Grundgesetz*)所保障的基本權利為「基本權」】。

就羅爾斯(John Rawls) 與德沃金(Ronald Dworkin)政治哲學理念，認為唯有以正義與平等為基礎的利益，方值得稱為「人權」。如其所述，嚴格而言，縱使被稱為是憲法上的「基本人權」，亦不一定是「人權」。[1]

在德國威瑪(Weimar)憲法下，施密特(Carl Schmitt)亦主張「基本權」中，有「真正的基本權」與「非真正的基本權」。施密特以自由為淵源的權利稱為「真正的基本權」，與由憲法所保護的權利有所區別。若依此觀點，非以自由為基礎的權利（例如因國家的積極介入而被實現、提供的「生存權」，以及以國家所設置的制度或設施為前提，始具意義的「受教育權」、「投票權」等），稱為「非真正的基本權」。[2]

---

1. 周宗憲譯，阿部照哉、池田政章、初宿正典、戶松秀典合著，《憲法（下）── 基本人權篇》，台北，元照出版有限公司，民國90年，初版，頁30。
2. 同上註。

貳、人權與權利並非同義

「權利」(Right)係指吾人在法律上,具有某些正當的根據。Right可以用作名詞,也可用作形容詞。當它作名詞時,其意為「權利」,亦即一個人所擁有的東西;當它用作形容詞時,其意為「正當的」,是用來描述一種道德行為。當我們把權利作為「道德所有權」或「規範產權」的概念出發,權利包含五種主要成分:權利擁有者(權利的主體)可以根據某些具體原則理由(權利的正當性),通過發表聲明、提出要求、享有或強制性實施等手段(權利的實施),向某些個人或團體(相關義務的承擔者)要求某種事物(權利的客體)。[3]

權利主體即權利的使用者,常見的形式是個人或一個集體。權利的客體即要求什麼權利,權利比一般的利益更為重要,它超越一般用「功利主義」的計算方法所能衡量的社會利益。[4]

「權利的實施」是指連接權利主體和客體的活動,它具有幾個主要的形式:

(1) 實施權利可以是呼籲爭取「承認某種公認可競爭的東西」。

(2) 用更加堅定的行動來做此事的形式,如堅持要求權利。

(3) 要求兌現某種權利的形式。

(4) 享有權利的形式。

(5) 涉及強制性實施行為之形式,如面對暴力尋求保護和要求補償損失[5]。

權利除少數情況外,總是針對某些人或某些事。我們只有通過某項相關義務的具體特點,才可了解到存在某種正當權利。因此,有人提出

3.　凌迪、黃列、朱曉青譯,R.J. Vincent原著,《人權與國際關係》(Human Rights and International Relations),北京,知識出版社,1998年,初版,頁4。

4.　同上註,頁4-5。

5.　同上註,頁5-6。

若相關義務沒有著落時，則權利的屬性毫無意義。他們由此觀點認為權利和義務是在同樣規範關係中的不同名稱[6]。

相對地，人權中的權利，意指國家不具有否定「人的某種利益」的權能(Power)（國家無權能）。所謂人權，係人類由來於人格的且理性的存在本身之利益。該利益，乃是人作為理性的主體，具有得從事自律的選擇之能力，而從中所生法的利益或有利的選擇。因此，所謂人權，乃被理解為內含符合人理性的、人格的存在之實體道德價值[7]。

參、人權的意義，在於闡明人權「並非是因法律規定而受保障者」

此點正是權利與人權的差異所在。嚴格區別權利與人權的理論，係以「人存在的本質」為依據，主張如下：

所謂權利，通常係指實定法上的利益或有利選擇，該利益的實體，隨著該國歷史、文化、政治經濟等環境的不同，而有各種內容，若非依據堅固的道德理論，即不一定有被支持的必要。相對地，人權與其說是實定法上的權利，不如說是作為獨特存在的人，為存在所基本必要的條件。若對於人而言，此種「基本必要性」，當作是人權的基礎，則人權的範圍就至為廣泛[8]。

譬如「人性尊嚴」是屬人權的範圍，本係存在於國家實定法前之固有普遍性的「最初權利」，此乃人之所以為人自應擁有的權利，並非由國家制定法創設之權利。雖然如此，國家藉由憲法之增訂，以實際行動承認其價值，並納入形式憲法秩序體系中，亦無不妥之處，至少使個人

---

6. 同上註，頁6。
7. 周宗憲譯，阿部照哉、池田政章、初宿正典、戶松秀典合著，前揭書，頁26-27，30。
8. 同上註，頁31。

尊嚴之光輝得以彰顯。從積極面而言，將「最初權利」交還給人民，尚可以平衡國家與人民間「武器不對等」之狀況，同時可以將許多抗爭，引導至民主體制內進行。[9] 日本憲法學將「人的基本必要性」，解釋為對於人性或人格性必要不可缺的利益，並將該利益的整體總稱為人權[10]。

我們在前述的「權利」(Right)的五種成分上，再加上「人」(Human)這個字，究竟有何重要意義？

1. 它意味著人人都享有權利。

   人權的主體不只是這個或那個社會的成員，而是人類社會的成員[11]。

2. 人權的客體也像前述的「一般權利」一樣，具有十分重要的意義。

   正如人們認為權利比其他利益重要，則人權比一般權利更重要。若把人權視為絕對權利，並不意味著人權是不可超越的[12]。

3. 人權的實施範圍可能比公民權利的實施範圍更要受限制。

   在前面提到主張、堅持、要求、享有、維護和強制實施某項權利。在涉及人權的事例中，提出要求是最常見的手段。人們往往在當地的成文法沒有闡明其權利時，才提出有關權利要求。因此，其論點是法律首先應該闡明這方面的內容，然後再採取步驟去執行。在強制實施方面，如果實施不力，人們將對人權的存在產生懷疑。持此觀點者認為：權利的標誌即是強制實施。但人權有時會出現所謂的「所有權矛

---

9. 李震山，《人性尊嚴與人權保障》，台北，元照出版有限公司，民國90年，修訂再版，頁23。

10. 周宗憲譯，阿部照哉、池田政章、初宿正典、戶松秀典合著，前揭書，頁31。

11. 凌迪、黃列、朱曉青譯，前揭書，頁8。

12. 同上註，例如該書作者認為從和平時期過渡到戰爭時期，人權的要求標準就無法一致。又Louis Henkin 在 *The Age of Rights* 一書中（信春鷹、吳玉章、李林譯，《權利的時代》，頁2）指出：人權不是抽象的、不完全的「善」；人權不等於或不能替換「正義」，儘管有正義的概念──交換的正義、分配的正義、懲罰的正義──是人的尊嚴和人的尊嚴所要求之特定權利的反映。人權不等於或不能替換「民主」，現代權利概念的表述，包括一定的民主，如宣稱人民意志是政府權力的基礎，人人有權真正參與他的政府。但是，這個意義上的民主只是眾多人權中的一種權利。人民意志無疑亦即道德意志，是屬於個人的人權，儘管有些方面的權利受到由民主決定（公共安全利益的決定、公共秩序、健康及一般福利之決定）的限制。

盾現象」[13]，即某人擁有它，卻不能享用它。[14]

你爭取很久的業務用車，拿去吧～

⊃ 所有權矛盾現象。

4. 與人權相關的義務存在著定位問題。所有的（基本）人權都具有三種相關的義務：(1)避免剝奪的義務；(2)保護不剝奪的義務；(3)幫助被剝奪者的義務。在不同的情況下，義務的承擔者可能是不同的（個人、負有責任的民族或開發性公司）；而他們承擔的義務也是不同的（提供救災援助，或防止市場壟斷所出現的剝削情況）。但基本權利始終是制約著這三種義務。[15]

5. 人權正當性的特點是什麼？人權的正當性所依賴的是國際承認的標準，國內實踐必須達到此種標準。在四個國際人權文件【《聯合國憲章》(United Nations Charter)、《世界人權宣言》(Universal Declaration of Human Rights)、《公民與政治權利國際公約》(International Covenant on Civil and Political Rights)，以及《經濟、社會與文化權利國際公約》(International Covenant on Economic, Social and Cultural Rights)】中，通常已具備所有的人權內容，國際討論似乎都以下述一種或多種方式看待人權[16]：

13. 凌迪、黃列、朱曉青譯，前揭書，頁8，該書作者以失竊汽車做比喻，若竊賊尚未抓到，車主對該車擁有權利，卻無法享用。
14. 同上註，頁8。
15. 同上註，頁8-9。
16. 信春鷹、吳玉章、李林譯，Louis Henkin原著，《權利的時代》(The Age of Rights)，北京，知識出版社，1997年，初版，頁40。

(1) 視為「利益」、需求，這不是權利，但可轉化為國內法或國際法上的法律權利。

(2) 視為一個被承認的道德秩序（或根據某些自然法）中的道德權利，個人對自由和基本需求的「要求」，也許被視為是道德秩序、世界或上帝的要求。

(3) 視為每個人對其社會的道德（或自然法）的要求。

(4) 或者視為根據憲法和法律制度對其社會的法律要求。

肆、人權的定義

　　基於前述對人權理念的探討，吾人可以為「人權」作如下的定義：所謂「人權」就是一定社會或一定國家中，受到認可和保障的每個人實際擁有和應當擁有之權利的最一般的形式，特別是基本權利。這裡，「受到認可和保障」主要是指受到法律的認可和保障。「每個人」指國家的每個公民或社會的一切成員，而不管其種族、膚色、性別、語言、宗教、政見、國籍、門第、財產、文化、才能等狀況如何；「實際擁有和應當擁有」指人權作為「權利的最一般的形式」包括實然權利和應然權利兩個部分。實然權利指能夠實際享受到的權利；應然權利則指應該享受，但目前由於種種條件的限制，還實際享受不到，而尚需繼續努力爭取的權利；「權利的最一般的形式」指人權是每個人實際擁有或應當擁有權利之最普遍的概括，亦即泛指凡人實際享受和應該享受的一切權利；「基本權利」指作為其他權利基礎的權利，亦即特指人的生存權利、政治權利和經濟、社會、文化、發展權利等。[17]

17.　鄭杭生，《人權新論》，北京，中國青年出版社，1993年，頁2。

第二節

人權之國際保護

　　現代國際人權法的範圍被確定在處理保護受國際保證的個人和團體之權利，不受政府侵犯以及處理促進這些權利發展，其中涵蓋以下幾個重要部分：人道主義干涉、對外國人傷害的國家責任、對少數民族的保護、國際聯盟委任統治制度和少數民族制度，以及國際人道法。[18] 它有別於傳統國際法，其最基本的觀點是，國家不再是國際法上唯一的主體，保護個人權利也不再是國家專一而排它的責任，而是國家基於其法律秩序和政府組織，比國際社會更能接近公民個人，在保護人權上亦因此處於更為有利的位置[19]。

　　近半世紀以來經由一系列的全球性及區域性的人權規約，有效地規範各締約國之人權實踐，逐漸形成人權的普遍性原則，其犖犖大者如下：《聯合國憲章》(Charter of the United Nations)、《世界人權宣言》

---

18. 潘維煌、顧世榮譯，Thomas J. Buergenthal原著，《國際人權法概論》(International Human Rights In A Unshell)，北京，中國社會科學出版社，1996年，初版4刷，頁1。
19. 張國書，〈西方與亞洲在人權觀念上的對抗？— 淺介國際人權法概念中的普遍性原則與文化相對主義〉，《新世紀智庫論壇》，台北，第8期，1999年12月30日，頁65。根據德沃金(Ronald Dworkin)理論主張，個人要求國家實現「平等的照顧與尊重」，就是權利。德沃金將其結構解釋為「個人的權利」與「國家的責任義務」之相關的互動關係。國家的「責任義務」進而被擴大至「作為義務」。參閱：周宗憲譯，阿部照哉、池田政章、初宿正典、戶松秀典合著，前揭書，頁31。「國家基於其法律秩序和政府組織，比國際社會更能接近公民個人，在保護人權上因此處於更為有利的位置」，此即為歐洲聯盟條約中的「輔助原則」(principle of subsidiarity)的觀念，譬如在二〇〇〇年十二月七日尼斯(Nice)歐盟高峰會議(European Council)簽署「歐洲聯盟基本權利憲章」(Charter of Fundamental Rights of the European Union)，其中第五十一條規定該憲章之各條只依據「輔助原則」適用於歐洲聯盟各機構及各會員國適用歐洲聯盟法律時。

(Universal Declaration of Human Rights)、《公民與政治權利國際公約》
(International Covenant on Civil and Political Rights)、《公民與政治權利
國際公約任意議定書》(International Covenant on Civil and Political
Rights Optional Protocol)、《經濟、社會與文化權利國際公約》
(International Covenant on Economic, Social and Cultural Rights)、《防止
及懲治滅絕種族罪公約》(Convention on the Prevention and Punishment
of the Crime of Genocide)、《消除一切形式種族歧視國際公約》
(International Convention on the Elimination of all Forms of Racial
Discrimination)、《禁止并懲治種族隔離罪行國際公約》(International
Convention on the Suppression and Punishment of the Crime of
Apartheid)、《消除對婦女一切形式歧視公約》(Convention on the
Elimination of Discrimination against Women)、《禁止酷刑和其他殘忍、
不人道或有辱人格的待遇或處罰公約》(Convention against Torture and
Other Cruel, Inhuman or Degrading)、《歐洲人權公約》(European
Human Rights Convention, CEDH)、《歐洲社會憲章》(European Social
Charter)、《美洲國家組織憲章》(Charter of Organization of American
States)、《美洲人權公約》(American Convention on Human Rights)及其
補充議定書、《非洲人與人民權利憲章》(African Charter of Human and
Peoples' Rights)等。這些公約和實踐為當代國際人權法提供概念和組織
機構的基礎。上述公約最重要的特徵是承認個人享有作為人的權利，並
承認這些權利受到國際法的保護[20]。

國際政治和法律專注於人權的目的，以及承認人權作為一定秩序之
權利地位的目的，是為了使人權在國內社會取得法律地位，進而實際享
有它[21]。若這種權利已經通過國內法律或契約規定，它本身在國內法上

---

20. 潘維煌、顧世榮譯，前揭書，頁9-10。
21. 同上註。

就具備正當性。依據此種人權的正當性向上提升一個層次，就是區域性國際法（如《歐洲人權公約》），再向上提升兩個層次，就是全球性國際法（如《公民與政治權利國際公約》、《經濟、社會與文化權利國際公約》）[22]。國際人權法奠基於對人權正當性與合意性的信任基礎上，但它在很大程度上避免了一些困擾 ── 通常是在人權討論中哲學上的不確定性。無論人權在道德秩序或在某些法律秩序中的地位和特徵如何，國際人權法是實在法、慣例法或習慣法[23]。此外，在上述的層次之上，還有一個層次，即人權的絕對正當性。在這個層次上，人權正當性所依賴的不是任何實在法，而是通過某種理性分析認為應該堅持的原則。

第二次世界大戰結束後，歐洲開始發展統合運動，先是「歐洲理事會」(the Council of Europe)的建立。1949年5月5日西歐十國在倫敦簽訂「歐洲理事會規約」(the Statue of the Council of Europe)，並於1949年8月3日生效。歐洲理事會各會員國於1950年11月4日於羅馬簽訂「歐洲保護人權及基本自由公約」(European Convention for Protection of Rights and Fundamental Freedoms)，並於1953年9月3日生效。此一創舉在第二次世界大戰後之國際法重要發展之一的「國際人權法」開創了新的里程碑。隨後國際人權法的架構由聯合國主導訂立一系列的全球性人權公約。在歐洲、美洲、非洲亦相繼出現區域性人權公約。

---

22. 凌迪、黃列、朱曉青譯，前揭書，頁9。
23. 信春鷹、吳玉章、李林譯，前揭書，頁40，該書作者認為：實在法在使用某些詞句中，可包容一定的道德法或自然法，如「殘忍、不人道或有辱人格待遇或處罰」，或「任意逮捕或拘留」，或「享有人道的尊重、人的固有尊嚴」的待遇。

在人權運動蓬勃發展的今日，對於國家主權與人權間的法律原則適用位階問題，在近年來國際實踐中，人權至上的普遍性原則(Universalism)[24]高於國家主權的趨勢，已成為國際法主流價值。[25]

---

24. 有些論者基於文化相對主義(Cultural Relativism)的觀點，認為人權理念在不同文化背景，民情、習俗，國家資源上的差異，難有一致之標準，因而此輩論者主張人權價值就各國憲政發展及條件上而言亦將僅是相對的，而非絕對的或是普世的。事實上，人權保障的實踐在現實生活中，依各國憲政理論上設計之不同，的確不可能生有一致之法律保障的內容與效果。然而，人權價值是否因此現象之不一致，即可解釋為相對的，或只有主觀上之意義？人權的保障標準，於憲政秩序下，由各實定法律體系上的界限所生不同之內容與方式，就人權享有主體為個人而言，每個人之價值應屬相同，此即人權理念之根本原理。就此絕對價值之共通性而言，即為人權之普世性，此乃理念上，價值上的問題，而非因此普世價值與理念而可謂每一個人皆有相同之待遇，人權所要求的僅是不得因個人間之差異，而遭受人為命令實定法之差別待遇，除非有合理的理由與條件。此差別待遇之理由非可任意為之，除非具有一致性與客觀性之標準，此一要件即是法治之原理。人權與法治實具有一體兩面之關係，即此理也。請參閱：鄧衍森，〈法治與人權 ── 兼論我國憲法解釋上之應用〉，《法治與人權》，台北，新學林出版股份有限公司，2006年，初版，頁57-58。

25. 人權普遍性原則(Universalism)支持者的觀點：當一個人按照西方價值觀被認為是國家暴力的受害者或被壓迫者，而依照其所屬本國之價值觀，卻被認為是罪犯或破壞國家安全的人，此時應如何處理？關於此一問題，國際法認為，對居住於一國管轄權範圍內的個人所享有的國際公認之權利和自由，內國政治制度和法律可對之作解釋和限制的空間，並非毫無限制，而其實是和其他國家直接相關的。近數十年來國際社會發展的成果之一，就是一國政府與其公民的關係，不再僅僅屬於一國「保留領域」的專屬國內問題，也成為國際關涉的問題。這些發展在很大程度上使「不干涉原則」(Non-Intervention)失去了基礎。1993年6月25日在第二次世界人權大會上通過的《維也納宣言和行動綱領》也指出：「促進和保護一切人權是國際社會合法的關注事項。」因此，判斷誰是壓迫者，誰是被壓迫者的價值模式，不應完全取決於一國文化或國內法，而最終應由國際法來決定，因為國際法是真正的規範，人權公約也受簽署各國承認而因此有拘束力。換言之，個人的權利保護不僅是國內法的義務，也是國際法的標的。就此觀點而言，西方國家傾向於認為，文化相對主義(Cultural Relativism)常常只是專制暴政用以正當化其施政的防護罩而已。在現今國與國交流頻繁，國際間各項協定產生實質上超國界的約束效應的同時，國家主權不該無限上綱成為唯一阻擋國際人權實踐的理由，更無法正當化殘暴的人權侵害。請參閱：張國書，〈西方與亞洲在人權觀念上的對抗？── 淺介國際人權法概念中的普遍性原則與文化相對主義〉，《新世紀智庫論壇》台北，第8期，1999年12月30日，頁67-68。

第三節

各世代人權之側重內容

壹、「第一代人權」內容

　　一個自由社會所關心的是，個人的權利是否受到應有之保障，並免於非法之侵害與限制。從人權史的發展上觀之，個人權利最初的主張，係以免於政府不當之干預與限制為主，學理上以「消極的權利」稱之，政府的不作為即可視為是人民權利的滿足，所謂「第一代人權」屬之，其類型大致上屬於個人之公民權與政治權，如生存權、言論自由，集會與結社自由等。[26]

貳、「第二代人權」內容

　　與消極權利或消極自由相對的是，「第二代人權觀」的積極權利或積極自由。論者常以一九六六年《經濟、社會與文化權利國際公約》作為說明之依據。此等積極自由是否可視為是一種法律上的權利，一些西方國家常採懷疑的態度[27]。認為積極自由因與政府之財政能力、資源有

---

26. 鄧衍森，前揭文，頁16。公民權的內容包含生存權、人身自由權、免於虐待、奴役之自由、自由權、公平審判權、隱私權、自由遷徙權、國籍權、家庭權、財產權、言論自由權、宗教信仰自由權等。而政治權之內容如言論自由、宗教信仰自由、集會結社自由、參政權等。

27. 在美國雷根(Reagan)政府時期，美國即認為此等權利僅為一種社會目標(social goals)而不是人權，見U.S. statement in UN Doc. A/40/c.3/36, p5。

　　我司法院解釋有關社會保險之性質時，有大法官至今仍認為福利為恩典者，即此之觀點。論理上，給與恩典之主體性是否與人民之主體性對立，而有其自身上之目的，且有別於其他主體之目的，似乎未加說明，見司法院釋字第586號，大法官許玉秀協同意見書所稱，「因為福利的本旨是一種額外的恩典。」

關，實難以稱之為法律上之權利而得以請求政府履行相關義務。此等「積極自由、權利」於國際公約中關於權利之性質，似乎亦與公民權與政治權使用不同之文義。於《經濟、社會與文化權利國際公約》中，此等權利是締約國承認(Recognize)[28]而非如《公民與政治權利國際公約》中所「宣示」(Declare)或確保(Ensure)。而且締約國於實踐上之履行義務，亦因與資源有關而採取進行之方式。如《經濟、社會與文化權利國際公約》第二條之規定，「每一締約國承諾於其可用資源最大可能之範圍，獨自的或透過國際間的協助與合作，特別是經濟與技術方面，使本盟約所承認的權利，之所有適當之方法，包括特別是立法措施，採取步驟，以逐步達到完全之實現。」[29]

依此規定，有關權利之滿足並非一蹴可及，而是逐步實現。然而，正因其義務之履行必須採取一連串之措施直至完全實現，因此，政府之保障義務即永遠處於待履行(Executory)之狀態。如果本條之義務，可解為待國家有足夠資源時始發生，則政府之履行義務將永遠不會到來。[30]

雖然，有論者以為此等積極權利由於內容非屬具體，法律關係難以確定，而非可以訴訟方式主張以求得滿足，因而否認其為法律上之權利，或是經濟等權利為次級權利。[31]

此等見解以法律關係是否已臻明確為斷，顯然是實證主義之觀點，亦屬於形式合法性之法治觀當然結論。就個人應享有之權利的保障而言，經濟等積極權利之相對義務，實質上，應解釋為，政府應履行個人為享有此等權利，而有最低限度之必要條件上，最低限度之基本義務(A Minimum Core Obligation)。[32]

---

28. 見第六條工作權，第七條享有適當與舒適之工作條件，第九條社會保險，第十一條適當之生活水準，第十二條健康權，第十三條受教權，第十五條參與與享受文化與科學成果之權利。

29. 鄧衍森，前揭文，頁19。

30. 同上註，頁19-20。

31. 同上註，頁20。

32. 同上註。

所謂最低限度基本義務，顯然將因政府各別財政資源、能力上之不同而有程度上之差異。但此等權利之保障，卻是政府的基本義務。個體的人權主張與保障，從該個體存在於這個世界之後並溯及於懷胎期間，為其存活之意義而言，政府應即有某種最低限度的基本義務必須加以履行。[33]

🔾 個體的人權主張與保障：即從該個體存在於這個世界之後並溯及於懷胎期間，為其存活之意義而言，政府應即有某種最低限度的基本義務必須加以履行。

---

33. 同上註，頁21。

參、「第三代人權」內容

　　人權不但在其抽象的、廣泛的層面難以確定外，同時在現實中，人權的外延性亦被允許有極大的差異。因此，我們在構思一個人權的「外延增補時期」，即一個「第三代的人權」。它是由「人的權利是取決於眾多人的權利」所建構而成的；換言之，就是「人的總體發展的權利」，例如「民族自決權」(National Self-determination；*le droit des peuples à la libre disposition d'eux-mêmes*)、「發展權」(*le droit au développement*)、「和平權」(*le droit à la paix*)、總而言之，這些是「在『合理生存』範圍內的權利」(*le droit à "l'existence décente"*)，甚至這不屬於「在幸福範圍內之權利」(*le droit à bonheur*)。[34]

　⊃　「第三代人權」主張：人的權利是取決於眾多人的權利。

---

34. Jacques Mourgeon, 〈Les Droits de l'Homme〉, 《Que sais-je?》, Paris : Presses Universitaires de France, 1996, 6ème éd., P. 7-8.

第四節

民主法治的
國家與人權之關係

壹、人權與法治的關係

　　法律(*droit*；law)一詞通常具有兩種迥然不同的含義，人們習慣於用「主觀」(*subjectif*；subject)和「客觀」(*objectif*；object)兩詞加以區別。「主觀法」(*droit subjectif*)被認為屬於個人或群體：即賦予個人（或群體）從事某種活動的權利(*la faculté*)，例如通常所說的選舉權(*droit de vote*)、受教育權(*droit à l'instruction*)、工作權(*droit au travail*)等。各種《人權宣言》(*Déclarations des Droits de l'Homme*)中的「權利」(*droits*；rights)一詞，所用的就是主觀法一詞。法律一詞的另一含義，即「客觀法」(*droit objectif*)。所謂「客觀」指的是個人（或群體）必須嚴格遵守一條準則（或一組準則），否則將會受到制裁。於此旨在確定其法律用語之含義，在某種程度上與第一種含義（主觀法）是對立的，因為主觀法指的是一種權利(*une faculté*)，一種自由(*une liberté*)；而客觀法的主要含義指的是一種義務(*obligation*)。同一個詞怎麼會有兩種如此懸殊乃至相悖的含義？這是因為主觀法，儘管它以個人「所獲致的權利」(*une conquête de l'individu*)出現，並與「強制」(*la contrainte*)之意似乎相去甚遠，但依然構成包含有制裁(*des sanctions*)意義的一組準則，以保證它所宣告的自由權之行使。儘管實施的方法不同，但可肯定「義務」(*l'obligation*：duty)的含義仍是主觀法和客觀法的基礎。[35]

---

35. Henri Lévy-Bruhl,〈Sociologie du droit〉,《Que sais-je ？》, 7ème éd., Paris, Presses Universitaires de France, 1990, P. 5-6.

一九四八年《世界人權宣言》(Universal Declaration of Human Rights)之序言所示，「鑒於為使人類不致迫不得已鋌而走險，對暴政和壓迫進行反叛，有必要使人權受法治的保護[36]。」我們以以此為例，對各國人民或個人而言，它是「主觀法」上的「權利」與「自由」之宣示；對各國政府而言，它是「客觀法」上的「義務」與「責任」之宣示。人權在現代化國家中，常與法治相提並論，意即以人權價值作為法治最終之評量標準，以保障任何個體的生命安全，使平等享有應有之自由與權利，視為法治之目的與理想[37]。法治的通常意義 ─ 依法而治的概念下，其內涵特性的確是形式的、普遍的、一致的或客觀的。因此，此一形式若具有實質內容之意義時，其所具有的內容或實質，性質上亦必須具有與形式相同的特性，如此，法治理念與現實法律體系間之關係，始不致陷於形式合法而實質違法或不合理之矛盾[38]。

然而，具有實質妥當性之規則，必須具有法治之形式觀之特質，如普遍性，一致性、客觀性，而非只是獨斷與恣意的主觀判斷，否則即根本有違法治之概念。具有此等客觀妥當性之規則，其價值應有普世性、客觀性之性質。於此，能同時表彰其形式上之客觀性與實質上之普遍合理性者，似惟有人權價值一者[39]。國際法學家委員會(International Commission of Jurists)早在一九五九年於新德里會議中所作之「德里宣言」(Declaration of Delhi)，亦有略似之說明：

---

36. "Whereas it is essential, if man is not to be compelled to have recourse, as a last resort, to rebellion against tyranny and oppression, that human rights should be protected by the rule of law."
37. 鄧衍森，前揭文，頁4。
38. 同上註，頁13。
39. 同上註，頁13-14。

「確認法治是法學者首應責成加以推廣與實踐的彈性概念，而且不但應用以保障與促進自由社會中個人之公民權與政治權，並且應用以建立社會、經濟、教育與文化條件，基於此條件使個人合法之意願與尊嚴得以實現[40]。」

貳、保障人性尊嚴與尊重生命是國家的義務

人性尊嚴本係存在於國家實定法前之固有普遍性的「最初權利」(original rights)，此乃人之所以為人自應擁有的權利，並非由國家制定法(statutory law)創設之權利。雖然如此，國家藉由憲法之增訂，以實際行動承認其價值，並納入形式憲法秩序體系中，亦無不妥之處，至少使個人尊嚴之光輝得以彰顯。

人性尊嚴之重要內容，應在生命權受保障與尊重基礎下，才有其積極意義。其內涵首要者為任何人不得被國家或他人視為物或作為工具；其次，對於有意識、能思考者之自決自治權，不論在私人領域或國家共同意見形成中，給予絕對尊重。[41]

自古以來，以文學、藝術作品的風貌呈現，來歌頌、讚美生命價值與尊嚴者，多如汗牛充棟。從法律精神層面而言，生命的自由與權利，不可侵犯，是基本人權植基之所在。但從法律現實層面而言，生命權可「依法」剝奪的情形屢見不鮮，法律理論與法律規定之間的衝突，值得令人深思與反省。

---

40. International Commission of Jurists,〈The Rule of Law in a Free Society〉,《A Report on the International Congress of Jurists》, New Delhi, India, 1959, P.3.此一法治概念之界定，並見於國際法學家委員會之宗旨。At http://www.icj.org.
41. 李震山，前揭書，頁22。

尊重生命誠為現代民主法治國家施政之基本指標，將之落實於憲法並保障之，早已蔚為風潮。然而，我國憲法第二章中人民之權利，並未明示生命權之保障，然其似應屬憲法中不成文之基本權利。因為，從傳統自然法思想，生命權應屬人類固有之權利，為先於國家之存在，且不待形式之憲法之規定而自明之原權(Original Rights)，又稱為自然權(Natural Rights)。原權除其固有性外，其效力具有普遍性與永久性，不問何地、何時、何人，皆能普遍適用，其自然成為規範、制約實定立法(*Positive Gesetzgebung*)的一種客觀普遍標準。質言之，憲法雖未明文規定保障「生命權」，國家仍不得放棄而不加以保障。退而求其次，其至少應為憲法第二十二條，「凡人民之其他自由及權利，不妨害社會秩序公共利益者，均受憲法之保障。」所涵蓋之權利（有學者認為憲法第十五條之生存權得作為依據）。[42]

　　基本權利最初之核心任務，即是被用來消極對抗公權利之不法侵害，乃產生所謂基本權利之防禦功能。藉此保障一個國家不介入之範圍，在此範圍內人民可確實抗拒國家權力之干預，人性尊嚴之自由空間因此而創設，亦構成國家權力行為之限制。同時，人性尊嚴之重要內容，應在生命權受保障與尊重基礎下，才有其積極意義[43]，是以人性尊嚴與生命權受保障乃「第一代人權觀」之一體兩面。

　　自法治國家原理成立後，人們已逐漸無法滿足於基本權利之消極功能，於是孕育所謂「積極請求權功能」，用以補充「消極防禦權功能」不足。人民有要求國家履行保護義務之權，因此，國家在可能的範圍內有義務創造各種條件，使人性尊嚴與生命權之實現有其可能性，此乃「第二代人權觀」之人權要旨。

42.　同上註，頁29。
43.　同上註，頁21-22。

尊重人性與尊重生命，誠為現代民主法治國家施政之重要指標，將之落實於憲法或其他法律之中，並保障之，已成為國家責無旁貸之義務。舉凡個體之生命本身，群體賴以為生之生態、環境，皆在保障之範圍內，不論直接、間接造成人民死亡之威脅因素，皆應盡力予以排除防制，因為國家機關的組織和職權，只是為配合保障基本人權而設的一種技術或方法，人性的尊嚴與人的生命，若無法透過國家加以保護，則國家成立之目的，必將遭致質疑。[44]

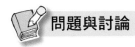 **問題與討論**

1. 研究人權之議題主要為何？

2. 何謂「真正的基本權」？

3. 試檢述人權的定義？

4. 「第三代人權」內容為何？

5. 何謂「主觀法」？

---

44. 同上註，頁80-81。

第**貳**篇

公民素養

前 言

壹、「公民素養」名詞解釋

　　首先，我們將「公民素養」的名詞作一解釋；其次，再將「公民素養」的課程內容加以界定。

　　「公民素養」中的「公民」(Civil)乃指作為國家主人之資格，有別於僅具國籍之國民身分者。於國民中，年滿二十歲，無其他消極條件，具有參政權之資格，得以行使選舉權者始得謂之「公民」(Citizen)，何以名為"Citizen"，緣有權與聞國事者居城之中，故謂「市民」，有別於城外非自由民。[1]

　　「公民素養」中的「素養」一詞，根據《新編國語日報辭典》解釋為：「平日的修養」。[2]又依《辭海》解釋「修養」一詞：「謂陶練身心也。其義蘊與範圍，皆較教育為深長廣大，包含舉止、儀貌、藝能、情意諸端，且含自動之意為多」[3]。「素養」一詞，若譯為英文應是："Accomplishments"[4]；翻譯為法文應是："Formation" 或

---

1. 李寶欣、陳介山、林舟福、蔡輝龍，《公民素養》，台北縣中和市，新文京開發出版股份有限公司，2007年3月，初版，頁2。

2. 國語日報出版中心，《新編國語日報辭典》，國語日報社，台北市，2001年11月，初版四刷，頁1362。又《教育部國語辭典簡編本》（網路版），亦作如此解釋。

3. 台灣中華書局辭海編輯委員會，《辭海》上冊，台北市，台灣中華書局，民國69年3月，頁382。

4. 北京外語教學與研究出版社，《旺文現代漢英辭典》(The Warmth Modern Chinese-English Dictionary)，台北市，旺文社股份有限公司，2002年4月，初版三刷，頁849。例如：藝術素養：Artistic Accomplishments。

"Acquisitions" [5]。筆者試將 "Accomplishments" 一字，查閱《英英、英漢國際大辭典》，其解釋為： "that Which Constitutes Excellence of Mind, or Elegance of Manners, Acquired by Education or Training."；「思想、容儀因教育俱達完善之境」[6]；其中 "manners" 有態度、行為、舉止之意。筆者又將 "formation" 一字，查詢法文辭典《Le Petit Larousse》，其說明[7]： "(1)Action de former qqn intellectuellement ou moralement； instruction, éducation."（在智能與道德上培養某人的行動，訓練，教育）； "(2)Ensemble des connaissances dans un domaine determine: culture. Ex.: Formation littéraire."（在一個確定範圍內的知識之整體；文化。例如：文學素養）。

某些人將「公民素養」中的「素養」英譯為 "Character"。在《牛津詳解英漢雙解辭典》(Oxford English-Chinese Dictionary)對 "Character" 一字解釋為：「（人的）性格、素質；（事物的）性質、特性、特色」[8]。因此， "Character" 在道德、行為方面，中文與它相對應的名詞，應該是「品德」或「品格」。中文的「品德」在法文中與它相對應的字是 "caractère"，法文辭典《Le Petit Larousse》對 "caractère" 一字解釋為：「以恰如其分的慣常行為方式，對待每個人；『品格』」[9]。而「品格」一詞在《旺文現代漢英辭典》(The Warmth Modern Chinese-English Dictionary)所作的英語解釋為： "one's

---

5. 北京大學西方語言文學系、北京第二外國語學院西歐語系，《漢法辭典》(Dictionnaire chinois-français)，商務印書館、友豐書店，北京、巴黎，1990年，初版，頁654。例如：藝術素養：formation artistique。

6. 《英英、英漢國際大辭典》(International Dictionary)，台北市，大中國圖書公司，民國69年9月，再版，頁10。

7. 《Le Petit Larousse》, nouvelle éd., Paris, Larousse, 1996, P. 451

8. Character：collective qualities or Characteristics that distinguish a person or thing. 請參閱：《牛津詳解英漢雙解辭典》(Oxford English-Chinese Dictionary)，台北市，旺文社股份有限公司，2006年2月，初版一刷，頁214。

9. Caractère： Manière habituelle de réagir proper à chaque pernonne； personnalité 《Le Petit Larousse》, nouvelle éd., Paris, Larousse, 1996, P. 184.

Character and morals"[10]。由上諸多考證，將中文的「素養」英譯為
"Character"，在詞義上似乎不是那樣貼切。

貳、公民素養課程內容界定

　　公民素養的課程內容應涵蓋哪些項目？才算是一個比較完整的培育
課程。在《網路論壇：教育部全球資訊網》中，教育部所指定的第一個
中心議題就是：「現代公民素養培育」。在這個中心議題下又設六項子
議題：(一)生命與品德教育；(二)人權、性別平等與法治教育；(三)資訊
科技與媒體素養；(四)生態與環境教育；(五)安全與防災教育；(六)藝術
與美感教育。[11]

　　國立台北大學「師資培育中心」所開設的「現代公民素養課群」，
其課程講授科目包括：(一)人權教育；(二)生命教育；(三)道德教育；
(四)教育哲學；(五)教育概論；(六)科技與現代生活；(七)環境教育。[12]

　　從上述兩機構對公民素養的課程內容比對，再扣除「教育哲學」、
「教育概論」課程（因為本書教學目的是設定在「通識教育」的課程，
而非「師資培育」課程），可得知作為「通識教育」的公民素養課程內
容涵蓋項目有：(一)民主與法治教育；(二)人權、性別平等教育；(三)生
命教育；(四)道德教育〔或品德教育〕；(五)科技與現代生活；(六)資訊
科技與媒體素養；(七)生態與環境教育；(八)安全與防災教育；(九)藝
術、哲學（或美學）教育。

---

10. 北京外語教學與研究出版社，《旺文現代漢英辭典》(The Warmth Modern
　　Chinese-English Dictionary)，台北市，旺文社股份有限公司，2002年4月，初版三
　　刷，頁671。caractère中文譯為「品德」、「品格」或「人格特質」；moralité中
　　文譯為「道德」。

11. 參閱：www.edu.tw/people_join_list.aspx。「網路論壇：教育部全球資訊網」，
　　民國九十九年五月十三日公布。

12. 參閱：http://www.ntpu.edu.tw/tec。國立台北大學「師資培育中心」民國九十九
　　年五月十三日公布。

本書第一篇已介紹有關民主、法治與人權的知識內涵，於第二篇再為閱者諸君提供「生命教育與品德教育（或道德教育）」、「國際禮儀」以及「生態環境保護」的相關知識。至於公民素養的其他課程內容，由於本課程受限於授課時數及本書篇幅，就只好割愛，尚請讀者見諒。

第 **1** 章

生命教育與品德教育

第一節

全人教育概念體系的建構

| 壹、建構全人教育的核心內容

一、人與全人的概念

　　在基督宗教中，人，是上帝的肖像，是與上帝相來往的受造物，是邁向未來圓滿而尚在旅程中上帝的合作者。人受造是為了管理萬物，故人類的生命是極其尊貴無比的；在本能上，人的靈能與上帝的靈溝通聯合，體驗天人合一的永恆境界。[13]

　　在中國文化中，人為「三才」之一，人之所以能與天地並列，實因人能自我超越、自我提升，終能達到天人合一的最高境界。進而贊天地化育萬物，成為萬物中最靈明者。可見中西文化皆重人的殊勝地位。[14]

　　全人就是身、心、靈平衡的人。身，是身體，指人的骨骼、肌肉、組織、血液；即肉體的生命(Bios)。心，指人的心思、意志、情感；即魂的生命(Psyche)。靈，指人的良心、直覺，能與上帝的靈溝通；即神聖、屬靈的生命(Zoe)。[15]

　　所以「人」需要透過教化及自我反省，來認識自我，超越自我，以成為敬畏上天、尊重人權，身、心、靈皆能均衡發展的「全人」(Holistic Person)。[16]

---

13. 〈全人教育論述〉（97年10月29日），http://hec.sju.edu.tw/TKS-A-new/%A5%F
　　E%A4H%B1%D0%A8|%BD%D7%ADz.htm
14. 同上註。
15. 同上註。
16. 同上註。

心理學家卡克夫(R.R.Carkhuff)倡導「全人」(The Whole Person)的心理學研究取向，認為人是一個「心理─生理─社會的整體」(A Bio-Psycho-Social Unity)不可分裂、不可分割，否則觀察不到人的全貌。將心理學「全人」概念引用到教育上，即是「全人教育」(Holistic Education)，意即「健全的教育」、「完整的教育」。[17]

⊃「全人」(Holistic Person)。

二、全人教育的內涵與作為

　　全人教育中的「全人」指的是「完整的個人」，全人教育即是：能夠提供一套兼具深度（專業）及廣度（通才）的學習，進而使一個自我，充分展現完整的個人，培育博雅素養，實踐「知識探索」與「人文關懷」的一種教育模式。[18]

　　全人教育已是台灣教育發展的共識與目標，不僅教育改革著眼於此，從小學至大學教育的課程規劃與設計，甚至授課教材與方式，莫不在全人教育的精神與基礎下，以全新的面貌呈現。教育是一種與時、與

17.　同上註。

18.　〈全人教育的核心內涵是什麼？〉（97年10月29日），http://www.cycu.edu.tw:8080/cycu/htm1/01-3a％B1.htmx

人俱進的春風化雨工作，絕非拘泥形式、墨守成規。時代的演進及學生素質與結構的差異，都將會影響全人教育的面貌與內涵。[19]

美國早在二十世紀初，即由馬斯洛(Abraham H. Maslow, 1908-1970)、羅吉斯(Carl Rogers, 1902-1987)等知名的心理學大師，極力主張全人教育以培養功能完全發揮的完整個人。一九九〇年代，由於科技高度的發展，遂不斷產生社會、個人行為偏差的現象，教育學者與專家咸認是教育過度重視認知、專業、技術，而輕忽人文、通識、美學所造成的結果。於是，近二十年來全人教育的理想與目標，遂成為教育的主流趨勢，對未來高等教育的方向與發展，產生巨大而深遠的影響。[20]

全人教育的精神與目標應該是恆常不變的，需要變動（因時代演變而更動）的部分則應該是聚焦在內容與方法上。因此，全人教育的內涵是什麼？什麼樣的教育才是真正的全人教育？全人教育的內涵將會隨著時代背景的觀點與環境的不同，而有不同的詮釋。部分學者認為全人教育的重點在於強調知、情、意、行並重，一般人則認為全人教育應該是德、智、體、群、美並重，更有學者認為全人教育的目標是在於「真、善、美、聖」的實踐與完成。因此，有必要從全人教育理念的實質與核心議題切入，對全人教育的精神與內涵進行深刻而廣泛的探討，方能落實大學教育的本質。根據多位教育前輩在高等教育服務多年的經驗與體會，咸認為全人教育的內涵應涵蓋下列五個面向：(一)理論與實務並重；(二)知識與品德兼顧；(三)課堂與體驗等量；(四)傳統與創新齊觀；(五)小我與大我均衡。[21]

貳、全人教育的觀點

從上述的「全人教育」的論述中，末學發覺同一個「全人教育」的名詞，在國內教育體系中大致有兩種不同的觀點：

---

19. 同上註。
20. 同上註。
21. 同上註。

1. 以人文學及社會科學的綜合角度探討「全人教育」的內涵

　　持這種看法的學校，以輔仁大學、中原大學為首的教會（基督教／天主教）大學，它們認為「全人教育」是一種身、心、靈平衡的教育，將「我」與自己、與社會、與上帝、與其他人的相對位置找出來，追求一個圓融美滿的人生。

2. 以純社會科學的角度探討「全人教育」的內涵

　　持這種觀點的學校，大都以師範、教育體系的大學為主，他們認為「全人教育」中的「全人」指的是「完整的個人」，全人教育即是：能夠提供一套兼具深度（專業）及廣度（通才）的學習，進而使一個自我，充分展現完整的個人，培育博雅素養，實踐「知識探索」與「人文關懷」的一種教育模式。甚或之，它是從個人的心理、生理的教育，發展到社會的整體的「健全的教育」、「完整的教育」。

　　綜上所述，以末學的個人觀點而言，我比較認同以人文學及社會科學的綜合角度來探討「全人教育」的內涵。「全人教育」就是將「人」重新找回來的內部建造工程。將教育的「成人化(Humanization)」功能加以落實發揮，告訴我們「人是什麼？」、「我是誰？」，將「我」與自己、與社會、與上帝[22]、與其他人的相對位置找出來（參閱：圖1-1），追求一個圓融美滿的人生。這就是「全人教育」。[23]

---

22. 在這裡筆者尊重原著，還是保留原文，採用「上帝」字樣，但若用此字樣，卻嫌狹隘，其他宗教的佛、菩薩、阿拉、中國道教的「神仙」都未含括在內，筆者認為採用「超越者」(Transcendent)字樣比較好，其理由：(1)涵蓋面廣，各宗教的「神」都包括進去；(2)比較符合學術性語言，語意更為嚴謹、精準。Transcendent作「形容詞」用，我們可譯為「超越的」或「超驗的」，超越於經驗的。這個詞常被神學家用來描述上帝存在的方式。這個上帝被假定是超越於、獨立於那個由祂所創造的世界而存在的。Transcendent作「名詞」用，我們可譯為「超越者」或「超驗者」，即西方文化中所稱的「神」(God)，在中國文化中所稱的「天」。
23. 景文科技大學，《生命關懷與全人教育，課程種籽師資培訓研習手冊》，台北縣新店市，景文科技大學人文藝術學院暨通識教育中心，民國97年7月8、9、15日，頁42。

全人教育基本概念
──以全人教育追求美滿圓融的人生
全人(holistic person)的思考
──活在關係中的人

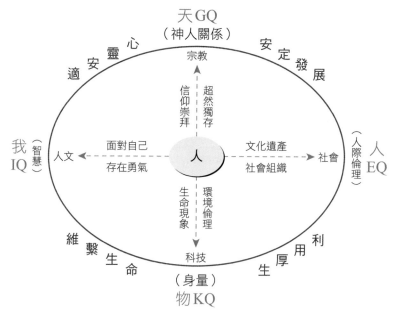

⮩ 圖1-1　全人教育基本概念

資料來源：景文科技大學，《生命關懷與全人教育，課程種籽師資培訓研習手冊》，頁41。

第二節

生命教育概念體系的建構

壹、建構生命學與生命教育的義涵

一、建構生命學的定義與義涵

(一) 生命學的定義與內涵

學者劉易齋教授在《生命學概論 — 生命教育上游理論與思想簡綱》一書中，對「生命學」(Life Studies)[24] 做了如下的解釋：「生命學」是「生命的學問」之簡稱，對於整體人生而言，生命的存有、生滅和總括一切生命的內容及現象，都屬於生命的學問。[25] 生命的存有(Being)即世界上一切生命存在(Existence)的總合。生命存在又包括生命的實在(Reality)[26] 與生命的意識(Consciousness)。

提及生命就會與存在產生關聯，因為生命是內在的自發活動，必須於存在的狀況下，始能生長發育，因此人的生命第一個意義就是「實在」[27]。我的生命就意味著我的「實在」。事實上，我的「實在」是一

---

24. 劉易齋教授在他的著作內文中，並未對「生命學」用(Life Studies)加註。但在《生命學概論 — 生命教育上游理論與思想簡綱》一書之封面，將中文書名英譯為 "The Summary of Life Science — The essential points of upper theories and thoughts of Life education"，其中「生命學」這個專有名詞應該譯為 "Life Studies" 但他卻譯為 "Life Science"（生命科學），顯然是翻譯上的錯誤。

25. 劉易齋，《生命學概論 — 生命教育上游理論與思想簡綱》，台北縣，普林斯頓國際有限公司，民國95年，初版，頁1。

26. 實在(reality)：此處是指所有離開意識(consciousness)而存在的東西。

27. 此處的「實在」是指：(1)存在的東西，相對於「表象」(appearance)。(2)存在的一切事物；所有存在物的總和；宇宙(universe)。

切生命活動、延續的前題。此外，在生命的意識層面上（心靈的理性生命上），我的「實在」也是一切理智活動的根本。同時，由於我的存在常與別的生命發生關係，中國儒家的哲學認為宇宙是生命的洪流，萬物都具有生命，彼此相互聯繫。正如孟子所謂的「仁民而愛物」，宋儒張載倡言的「民胞物與」[28]，都是以仁為生命，並和宇宙萬物的生命結合為一體，此時我的存有，才是真正具有存在的價值。

○ 萬物都具有生命，彼此相互聯繫。

何文男教授在《生命與信仰：生命教育社會學取向》一書中對「生命倫理學」(Life Ethics)的範疇做如下的描述：「生命倫理學」所探究的，乃是與人類及動物生命、生活、生存攸關的道德抉擇問題。它並非超越時空的道德教訓，而是無逃於天地之間的倫理反思與實踐。[29] 劉易齋教授更進一步闡明人類身、心、靈的結構內容中，可以透過「生命樹」的活水源頭找到「生命永恆」的歸宿，也得以在向上成長（屬靈的修持）或向下沉淪（屬物的執著）的人世抉擇中，做出公平的選項，做機會均等的耕耘或揮霍。生命本身就含有教育的素質，而生命的結構，就不再僅是窄化在唯物論或一世論（含宿命論）者的現量之生理層面。生命透過「生命樹」的象徵，將以五個向度【生命結構的五元向度：(1)

---

28. 宋儒張載《西銘》：「民吾同胞，物吾與也。」
29. 何文男，《生命與信仰：生命教育社會學取向》，台北縣：華騰文化股份有限公司，2008年6月，初版，頁92。

生理向度；(2)心理向度；(3)心靈向度；(4)生態向度；(5)價值向度；】落實在生活實踐與體驗上。依循著生理、心理、心靈、生態、生活的層面，分別由內外兼容的教化薰修，向內深化，向外展衍，使人在教育過程中，領受生命意涵的多重學習生趣，進而產生利樂眾生的價值向度，成就圓滿無礙的整全生命。[30]

「生命倫理學」觸碰到生、老、病、死諸層面，主要涉及人在面對這些層面的存在情境。雖然人終不免孤獨地步向死亡，但如今大多數的死亡處所都在醫院中，於是生命倫理學不免跟醫學倫理學有所關聯。[31]

尤其甚者，現代人的生、老、病、死無不免與衛生保健醫療機構息息相關，難怪有些學者要把「醫學倫理學」與「生命倫理學」視為同義語，或者使用一個統括生物科學(Biological Sciences)、醫學、衛生保健的簡化名稱──「**生物醫學倫理**」(Bio-Medical Ethics)，即把生命倫理學、醫學倫理學、生物醫學倫理學視為一脈相通的概念。[32]

因此，生命倫理學是一門綜合科際學科(Interdisciplinary Studies)，它所涵蓋的學問包括自然科學（生物學、醫學等）、社會科學（社會學、政治學、法律學等）、人文學（哲學、宗教學等）。雖然生命倫理學形成之初，關心的是人類生存和改善生活品質等問題，但後來逐漸轉變為處理醫療、生物、環境、人口等方面的道德問題的學科(Field of Studies)，其所用以作為學理基礎的則是哲學、宗教的人文學術觀點，即是以人文學為導向的自然科學與社會科學之知識整合。[33]

由於**生命倫理學**中的人文學術成分較重，所以有學者把它和人文學統合成一體，目的是為了改善人類處境。將醫學倫理學、衛生保健倫理學、環境倫理學、研究倫理學、醫學哲學、醫學文化都納入「**生命倫理**

---

30. 劉易齋，前揭書，頁89。
31. 何文男，前揭書，頁92。
32. 同上註。
33. 同上註，頁92-93。

學與人文學」中。[34] 而劉易齋教授在《生命學的學思歷程與創見》演講文[35] 中指出，生命學所含括的領域：哲學、宗教、藝術、醫學、心理、社會、飲食、科學、倫理、生死等……。綜上所述，吾人因此可將「**生命學**」與「**生命倫理學**」等同視之。

生命倫理學全部的中心議題[36] 已涵蓋了「生命與信仰」所探討的生命教育、通識教育，以及信仰教育等三大層面。廣義而言，生命倫理學正是「生命與信仰」的核心議題。劉易齋教授在《生命學的學思歷程與創見》演講文中更點出：「**生命學**的核心樞紐：『**禪**』」，此種意境更勝何文男教授，可謂畫龍點睛、神來之筆。

中國的「仁」與西方的「愛」兩者互為表裡，都是以追求真、善、美、聖的自我昇華行為，作為理論的基礎。《孟子》〈離婁篇〉：「仁者愛人」，以及《聖經・新約》〈馬太福音〉第二十二章，第三十七至四十節：「愛人如己」，在在顯示了對生命的尊重與維護，以及對生命存在的價值的肯定與提升。換言之，不僅要保護自我的生命、自我肯定存在的價值，更要尊重他人的生命，肯定他人的價值，甚至還應擴充到對一切生命的尊重與愛惜。[37]

---

34. 同上註，頁93。

35. 該文發表在景文科技大學教學卓越計畫・98學年度第1學期・通識教育中心【愛・閱讀】教師讀書會，所舉辦的「生命學概論」心得發表，發表時間：98年11月12日，12:00-15:30，發表地點：景文科技大學藝文中心。

36. Kopclman(1998；366)揭櫫了十五項生命倫理學相關中心議題：(1)有關健康、疾病、生病、殘障的概念；(2)死亡與臨終：死亡判準、定義與意義，持續治療、預立遺囑、醫師協助自殺、安樂死；(3)遺傳測試、篩檢和新技術；(4)自主活動與自我決定的能力；(5)人的位格、日漸衰弱的人，以及生命品質；(6)全球的與環境有關之衛生；(7)生殖和母親與胎兒的關係，包括墮胎；(8)為無行為能力者作決定；(9)研究設計、臨床檢測、研究者與其對象的關係、當前研究綱領、國際合作研究等；(10)醫藥衛生研究中的隱私和保密；(11)專業職責、價值、目標、規章、誓言與盟約；(12)專業關係中的忠實、真誠和信任；(13)對有或無行為能力者進行研究與治療時的知情同意；(14)健康科學中的說明、認證和決策的模式；(15)衛生保健的資源配置、照護管理和服務提供。請參閱：何文男，前揭書，頁93。

37. 楊慕慈，《生命教育》，台北市，華視教學事業處，民國96年，再版，頁51。

我們肉體的生命與外在的有形世界一樣，有「成住壞空」的生滅現象，但對一個有宗教信仰的人而言，生命是不滅的，正如基督徒常說：「信主得永生」；以佛教徒「十二因緣觀」[38] 而言，生命是隨著心念的「生住異滅」之業識流轉，而生生不息[39]。一個具有宗教信仰生命的人，他對於生、老、病、死，富、貴、窮、通等生命現象，自然會心無罣礙、淡然處之。[40]

(二) 生命學不同於生命科學

筆者在此要特別說明的是，「生命學」(Life Studies)不同於「生命科學」(Life Sciences)，「生命科學」是屬於自然科學的**廣義的生物科學**(Biological Sciences)[41] 範疇。《維基百科全書》對「生命」做了這樣的說明：「生命泛指由有機物、水構成的細胞組成，一類具有穩定的物質和能量代謝，能夠穩定地從外界獲取物質和能量，能回應刺激，自我複製繁殖的半開放物質系統，經過自然選擇，漸漸進化過程中，一代代適應其環境。生命通常都要經歷出生、成長和死亡。具有以上特徵的個體均被視為生物。」這樣看來，**「生命科學」**(Life Sciences)就是以前的

---

38. 十二因緣：即「十二有支」，又名「十二緣起」、「十二緣生」。因篇幅關係，「十二有支」筆者不在此說明，請參閱：正果法師，《佛教基本知識》第一章教理、第五節「十二有支」，台北市，佛陀教育基金會，2006年，初版，頁239-276，內有詳細說明。

39. 佛教裡有兩種生死，這裡所說的是凡夫的「分段生死」，由於每一世所招感的果報不同，而有形貌、壽命等區別。一期生命結束後，又再起另外一期的輪迴。菩薩、阿羅漢是「變異生死」，在道德、見解、悟性上和人不同，已經沒有身形上的輪迴，只有心念的生生滅滅，是精神上的生死。請參閱：星雲大師，〈佛教的生死學〉，《人間佛教小叢書》第41冊，台北市，香海文化事業有限公司，2008年9月，初版2刷，頁4。

40. 星雲大師，〈佛教的生命學〉，《人間佛教小叢書》第40冊，台北市，香海文化事業有限公司，2008年9月，初版2刷，頁9-16。

41. 生物科學(Biological Sciences)是以科學的精神與方法來探討各種生物的生命現象，如遺傳、構造、功能、生命周期、生態及演化關係等。即是以生物為研究主體，而以學理的探究為目的。
請參閱：http://tw.knowledge.yahoo.com/question/question?qid=1509032600040

「生物學」(Biological Sciences)知識的衍生。由於人類知識的快速膨脹，「生命科學」的領域卻不像「傳統生物學」那麼狹隘，而包含了動物學、植物學、微生物學、生理學、生化學、生態學、遺傳學、生物地理學，基因組學、蛋白組學等，也包括農、林、漁、牧等應用科學，乃至也結合了國防科技、社會學、倫理學、法學、經濟學、管理學等。因此，「生命科學」是屬一項「科際整合的學門」(interdisciplinary studies)。[42] 是以「生命學」和「生命科學」雖一字之差，究其實義卻有天壤之別。譬如劉易齋教授在《生命學概論 — 生命教育上游理論與思想簡綱》一書之封面，將中文書名英譯為 "The Summary of Life Science — The essential points of upper theories and thoughts of Life education"，其中「生命學」這個專有名詞應該譯為 "Life Studies" 但他卻譯為 "Life Science"（生命科學），顯然是翻譯上的錯誤。據筆者對劉易齋教授的認知，他應該知道「生命學」與「生命科學」的差別，此種錯誤應屬文字翻譯上的疏失。

二、建構生命教育的定義與意涵

生命教育(Life Education)的探討，一方面追求生命的意義，以建立完整的價值體系；一方面期能落實於具體的生活環境中，提升生活品質，以尋求安身立命之道。生命教育的意義自不同的角度加以詮釋，會

---

42. 惠謙法師，《佛法、科學與生命科學》（香港，2009年08月19日，發表於寶蓮禪寺）
   請參閱：http://big5.fjnet.com/fjlw/200908/t20090819_132083_1.htm，p.2.
   林良恭教授更特別指出：「近五十年來，生物學的發展成就於科學領域做出巨大的貢獻，尤其是遺傳物質DNA雙螺旋結構的闡明，被認為是二十世紀自然科學的重大突破之一。分子生物學的驚人成就，使生命科學成為當代自然科學中引人矚目的明星，也因此二十一世紀領先產業更被認為是生物科技。」然而驚人成就的「分子生物學，」未來的發展是利多於弊，還是弊多於利，現在雖然尚不能得知，但它已帶來人類未曾有的挑戰與隱憂，則是全然的事實。當一九九七年成功複製出「桃莉」羊，複製人也不再是不可能的事，「分子生物學」的發展再也不能被視學術自由或研究自由，因為這已經嚴重挑戰人類社會倫理、法律、宗教等許多的領域。

有不同的看法，但可以歸類為積極與消極的意義。換言之，生命教育積極的意義，是自認識生命的角度去探討生存的多元發展性；而消極的意義，則是從殘缺與死亡的層面去探討死亡的歷程與生死的意義。[43]

以下是國內學者對生命教育的意義所做的詮釋：

1. 孫效智

生命教育應包括生死、宗教及倫理教育三部分。其中生死與宗教是在確立生命的意義與努力的方向，屬於生命關懷的範疇；倫理則是在啟發學生的人格情操與道德思辯能力，屬於生命內涵的範疇[44]。他更進一步的說明生命教育的意義，是指「深化人生觀、內化價值觀、整合行動力」的一種有關人之所以為人的意義、理想與實踐的教育[45]。

2. 吳武雄

生命教育在引領學生了解人生的意義與價值，進而珍愛生命、尊重自己、他人、環境及自然，並使自我潛能充分發展，貢獻人群以過積極而有意義的人生。[46]

3. 林清吉

生命教育是透過生命內涵課程的教學與體驗的歷程，讓學生認識生命的意義與價值，進而欣賞生命、珍惜生命，最後學習包容、接納與尊重他人的生命。營造一個至高無上的超越，天人合一的生命。[47]

---

43. 楊慕慈，前揭書，頁8。
44. 同上註，頁49。
45. 同上註，頁8。
46. 同上註，頁9。
47. 同上註。

4. 張光甫

生命教育可從生存、生活與生命等三個層次加以說明。生存的層次，就是「生物我」與「生理我」的需求；生活的層次，就是「道德我」與「社會我」的發展；而生命的層次，則是「哲學我」與「宗教我」的心靈提升等。[48]

5. 劉易齋

「生命教育」是針對人的哲學思辯、宗教信仰、生涯發展、生命管理、健康營衛、價值釐清、生命倫理、生態環境、命運軌則、風險管理、死亡命題等生命型態，作觀念之確認、問題之解題、障礙之紓困、言行之規範與價值之選擇。[49]

6. 呂雄的綜合解釋

總括以上眾家學者對生命教育意涵的之解釋，筆者亦對生命教育做一統合性的意涵概述：生命教育乃身、心、靈的全人教育，通過追求生命的意義所領悟的整全價值體系，具體落實在自我的生活環境中，以達成天、人、物、我圓滿和諧的人生。

三、建構生命學與生命教育的關係

生命教育既是指引人之所以為人的規範性的教育，也藉此教育的涵化和學習之過程，讓自詡為萬物之靈的現代文明人，得以認識「生命的學問」是如此的浩瀚，了解人在宇宙萬物中是如此的渺小而又尊貴無比，體會人的自然屬性與社會位格是均衡互動而又因果相循，進而發現人生無常的本質與可能超越的實踐進路。直言之，生命學是生命教育所涵蓋範疇的統稱；生命教育是生命學的具體脈絡及實踐法則。[50]

---

48. 同上註。
49. 劉易齋，前揭書，頁1。
50. 劉易齋，前揭書，頁1。

在實務上，吾人可藉「微觀社會學」的觀念，切入社會問題的核心，著重於心靈信仰的解析及其導引的力量。引用「社會學觀點理論架構」（做人的態度決定前途的高度）及「整體生命哲學思考模式」（心靈信仰可以造命）解決社會問題，「生命」是代表一個具體性的自然生命現象，而「信仰」則是象徵一個抽象性的心靈意志力量，心物合一、相輔相成，結合生命信仰和日常生活智慧的心靈結晶。在透過「信仰教育」的循環互動系統思維，整合出「生命教育生活化、通識教育人本化、以及信仰教育科學化」的教育理念與精神，對「生命教育／全人教育」提出整合性探討與解決之道，俾作為「發展全人教育、培養獨思考」教育政策的借鑑與參考。

貳、建構生命教育的內容與向度

就實際運作之發展狀態而言，我國各級學校及民間團體、文教機構等實施生命教育的內容與向度，概略可分為下列幾種：

(一) 宗教取向的生命教育

以探討人的生老病死等生命現象與價值為課題，對自然與超自然現象加以解釋。讓教友或學生相信有神的存在，並且感受神的恩澤。[51]

(二) 生理健康的生命教育

此係重視了解人體生理結構、健康增進、疾病預防與環境保護的相關教育。此種取向的生命教育強調生理、心理與心靈的反毒、反汙染、反濫交的重要性。[52]

---

51. 劉易齋，前揭書，頁2。
52. 同上註。

宗教取向

生理健康取向

志業取向

生活取向

生命取向

⊃ 生命教育的內容與向度。

(三) 志業（生涯）取向的生命教育

此一向度除了生涯教育與輔導之外，亦重視生活技巧(life skills)的教育，包括：生理與性、心理與社會、道德、情感、自我、認知、職業等七大領域的全人發展。[53]

(四) 生活教育取向的生命教育

此一向度強調尊重生命，也重視人際相處、社會能力培養、自我生活的料理、生活習慣的培養，以及生活的調適等。而含括尊重(Respect)與責任(Responsibility)的品德教育(Character Education)也成為新興的教育重點。[54]

(五) 死亡教育或生死取向的生命教育

此種死亡教育(Death Education)的主要目的在於讓學生體認死亡的意義、本質以及學習如何充實的生活與有尊嚴的死亡。其教育內容所含括的「臨終關懷與諮商」(Dying Care and Counseling)，「哀傷諮商(Gief Counseling)」持續受到學習者與實務工作者關注。[55]

(六) 整合取向的生命教育

所謂「整合取向的生命教育」思想，並不以知識範疇的思辨為限度，它在相當的程度上，是以跳脫物慾和感官知覺的界限，向精神領域來探鑿生命內在訊息，同時，是以哲學家的辯護思維、宗教家的信仰實踐和教育家的典範臨摩，來矻矻研機[56]、危微體察[57]。具體而言，「整

---

53. 同上註。
54. 同上註。
55. 同上註，頁2-3。
56. 矻矻研機：「矻」：發音ㄎㄨ；「矻矻」：勞極貌；「機」：要也，密也，即謂精要祕密之意；「矻矻研機」：非常辛苦地鑽研其精要祕密之處。
57. 危微體察：「微」：理趣幽玄曰微，意即幽深玄妙的道理。《書·大禹謨》：「人心惟危，道心惟微」疏：「民心惟甚危險，道心惟甚幽微，危則難安，微則難明。」「危微體察」：誠慎恐懼地體察幽深微妙的道理。

合取向的生命教育」觀，是統整生命之「知」（知識理論的「知」）與性靈的「覺」（超越知識範疇的「覺」），所鋪陳而出的生命的全象。[58]

何文男教授在《生命與信仰：生命教育社會學取向》一書中，以生命教育為架構主軸，以社會學取向為研究途徑，透過心靈信仰的導航，探討當前台灣社會三大議題：(1)校園與社會屢傳藥物濫用、暴力、愛滋病、犯罪、自殺等事件；(2)菁英教育有「科技頂尖、通識白痴」之譏；(3)社會充滿心靈信仰危機。實施生命教育的內容與向度，何文男教授採取「社會學取向為研究途徑」，表面上看，似乎與前述實施生命教育六種向度不同；究其實，此六種向度中的**(二)生理健康的生命教育；(三)志業（生涯）取向的生命教育；(四)生活教育取向的生命教育**，與何文男教授對生命教育的實施採取社會學取向，有異曲同工之妙。

要體會生命學的內核，除了必須擁有廣博的知識理論，以及理解世俗現有知識無法企及的領域—屬於心智、心靈覺受的非知識、超科學的—「超越界」(Transcendence)[59]，可能才是研究生命學，與探討生命教育源頭與人生終極目的之重要領地。[60]

---

58. 同上註，頁5。
59. 劉易齋在《生命學概論 — 生命教育上游理論與思想簡綱》中，採用「界外」字樣，筆者雖知其所指之內涵，但「界外」一詞是劉易齋自創的名詞，也未做任何界定。因此，筆者改用「超越界」(Transcendence)一詞，其理由：(1)這名詞在西方哲學界及神學界已經約定俗成的名詞，不會造成混淆；(2)使用既定的學術術語，合乎學術上的嚴謹性及明確性。
    Transcendence中譯為「超越性」或「超越界」。存有秩序中，「超越性」指超出有形世界之特性，超出有形世界之物，則稱「超越者」(Transcendent)。人的精神靈魂已有某種超越性，因為它雖然和肉體相結合，其精神性卻超越可見世界。純粹的精神尤其超越此可見世界，它根本不屬於這一世界。神之超越性尤其高於一切，其無限性不僅超越世界，而且超越一切有限事物；但正由於這無限性，神又有無可比擬的內在性。第四、第五意義的超越性與第二、第三意義的超越性有關，因為超出有形世界亦即超越感覺及超越普通經驗。請參閱：項退結，《西洋哲學辭典》，台北市，華香園出版社，民國88年，增訂二版二刷，頁544。
60. 劉易齋，前揭書，頁6。

禪密「心中心門派」鄭源國金剛上師（鄭師是「心中心門派」第三代祖師元音老人之嗣法弟子，經元音老人認證為傳法阿闍黎）在其北京大學演講文中提及[61]：

　　「哲學的根本問題是思維和存在，精神和物質的關係問題，根據對這個問題的不同回答而形成唯心主義哲學和唯物主義哲學兩大對立派別。

　　上面兩大體系對立的哲學派別，是相對的二面的論述（即精神現象和物質現象）。倘若兩大哲學體系處於對立派別的尚未相互融通一體不二之認識，那麼就會偏向二邊而不能窮盡事物的圓通緣起。而事物的緣起即『心』和『物』的關係。

　　這裡先談一下『心』是怎麼一回事？『心』就是人們對事物緣起的一念分別、感受、認識及思維等精神現象。在當今社會的心理學派中，對於心理研究者來說，往往對於『心』的來龍去脈的認識、辨析尚無法深入窮其『心』之底蘊之緣起，故而存之未論。其包括唯心哲學派別的，亦尚無法深入窮其『心』之底蘊之緣起，故而未得完善之總結。

　　『物』又是怎麼一回事？『物』從宏觀現象來看，亦即質變、量變中所形成的事物（物質現象）。但從微觀現象來看，其質變、量變中，倘若物質分解至極微之盡微而無可微時，則又會產生怎麼樣的一種狀態呢？即如當今社會科學的發展中，人體基因的發現，其基因也存在著『緣起遷向』的因素，其『緣起遷向』的因素和精神現象（心）並非沒有關係，所以說在這世界上又有何物質可以無有變遷而亙古不變異的

---

61. 鄭源國，《生命科學研究 — 特別是深入意識心理效應的心理機能研究，亦即自身潛能之啟發即大自然智慧之功用》，中國北京，2002年12月29日，頁1-2。這是2004年1月，鄭源國金剛上師寄給筆者的單行本小冊。經筆者查詢與會的師兄弟，該小冊內容是鄭源國先生在2000年3月左右，由「人類進步基金會」(La Fondation Charles Léopold Mayer pour le Progrès de l'Homme)（北京大學的教授與法國的大學教授所組成的學術基金會）主辦，在北京大學「國際會議中心」舉行的研討會中，所發表的演講內容。

呢？然而人體基因在未生（未形成）前的光景又是怎麼一回事呢？當今社會已經處在高科技發展的階段，對於人類基因的探究能夠發現目前『一端段』的過程也算不易了。至於人體基因的起源及起源前的『前端段』與及未來終極及未來終極後的『後端段』的一一未知數尚且不得而知，故惟待將來的人體基因探究者繼續努力前進而破解。其亦包括唯物哲學派別的，亦尚無法深入窮其『物』之底蘊之緣起。

所以說以上哲學的兩大對立派別，倘若能相互融通而入不二，則可謂『心不自心，因物故心；物不自物，因心故物。』亦即一體二面而融通，圓臻不二之歸也。所以說精神現象和物質現象的關係是相對、相應而存，亦即相對、相應而變遷，亦即相對、相應的不二共同體。(1)相對、相應而存者，則事物定與不定的存在，是認識（心）一種性質的向另種性質的突變的存在，亦即相對、相應的心和物。(2)相對、相應而變遷，則事物定與不定的變遷同樣是認識（心）一種性質的向另種性質的突變，亦即相對、相應而變遷的心和物。(3)相對、相應的不二共同體：在這宇宙的空間裡，則事物定、不定的存在或者定、不定的變遷（就像世間有成住壞空 成住壞空、人有生老病死 生老病死、念頭有生住異滅 生住異滅）等，其過程且始終尚未離開相對、相應的認識，**即心和物的相對、相應過程中本具相互關係的作用，它們的不二共同體須得通過窮通宇宙人生之終極意義（本源），故古德云：歸元無二途（別），則屆時說心、說物皆成自然之妙諦也。」**

從整體生命的結構觀之，器官不能與人的靈性（靈明覺照的智慧）劃上等號；器官的全缺、生滅，也不能等同於人類靈魂（業識）的生滅；在跨越知識符號與現實世界的精神領域中，唯有佛教的「緣起論」、「因果」、「自性本體」、「覺照」、「菩提」與耶穌基督的「救贖」、「皈敬上帝」、「愛的誡命」，才有可能為全人類闖出超越

生死的出路，也唯有透過周全而完善的生命教育，方足以成就全人，尋得「長生不死」的生命曙光。[62]

以上是「**整合取向的生命教育**」思想概述，它對前述五項「**傳統取向生命教育**」挹注嶄新的概念。劉易齋、鄭源國先生已經作了言簡意賅的圓滿論述，但由於此概念牽涉到哲學與宗教思維，讀者可能不易理解，筆者再以深入淺出的方式，具體說明之（若用此種方式說明，可能會掛一漏萬）。

美國後現代理論家伊哈布·哈山(Ihab Hassan)（文學家，亦是哲學家）認為後現代主義的核心範疇，即後現代社會轉向的關鍵點 ─「不確定內在性」(Indetermanence)[63]。這個哈山自造的新詞，目的在於標示後現代主義是由兩個核心原則所構成，即「不確定性」(Indeterminacy)和「內在性」(Immanency)。在一般的意義上，哈山的後現代特徵，大部分與「分解主義」(Decomposition)的「無中心世界」的概念相關，換言之，後現代的諸多特徵受制於一種激進的認識論(Radical Epistemology)和本體論懷疑觀(Ontology Skepticism)。因此，對中心終將消失的這種認識，導向一個以「不確定性」和「內在性」兩個重要傾向為特徵的後現代世界。在這兩個傾向中，「不確定性」主要代表中心消失和本體消失的結果；「內在性」則代表使人類心靈適應所有現實(Actuality)本身的傾向。後現代社會由於傳統中心價值的崩解，而形成多元價值的社會。人們要面對這種不確定社會現象（包括所有物質的、精神的現象在內）的

---

62. 劉易齋，前揭書，頁7-8。

63. 這是哈山模仿「解構理論」(Deconstruction)大師德希達(Jacques Derrida)從 "**différence**"（差異），自創新字「延異」(**différance**)，含有 "defer"（延擱）和 "differ"（區分）的意思。哈山將「不確定性」(Indeterminacy)和「內在性」(Immanency)合成一個新詞：「不確定內在性」(Indetermanence)。請參閱：劉象愚譯，Ihab Hassan原著，《後現代的轉向 ─ 後現代理論與文化論文集》(The Postmodern Turn: Essays in Postmodern, Theory and Culture)，台北市，時報文化出版企業股份有限公司，1996，初版3刷，頁10，17。

失落感，「內在性」則是人們對主體的內縮，是對環境、對現實、對創造的內在適應。

我們生存的世界既然已成這個樣子，人類應如何自處？馬克思認為哲學不在於解釋世界，而在於改造世界的命題[64]。《易經》的「氣化宇宙觀」[65] 與佛法的「萬法惟心」論，對變動不居、生滅瞬變的外在環境，提供人心清淨的泉源，這似乎與「不確定內在性」有異曲同工之妙。

1. 「整合取向的生命教育」對「宗教取向的生命教育」及「死亡教育或生死取向的生命教育」的關聯性

《易經・繫辭上傳》第四章：「仰以觀於天文，俯以察於地理，是故知幽明之故。原始反終，故知死生之說。」由此經文可知，《易經》強調，人之生命初則為天地所生，後又塵歸於天地，悲歡離合乃人之常情。世人若透悟此理，死只不過是回到歸屬的地方，實在不必太過悲傷。

我們肉體的生命與外在的有形世界一樣，有「成住壞空」的生滅現象，但對一個有宗教信仰的人而言，生命是不滅的，正如基督徒常說：「信主得永生」；以佛教徒「十二因緣觀」[66] 而言，生命是隨著心念的「生住異滅」之業識流轉，而生生不息。佛教裡有兩種生死，前述所說的是凡夫的「分段生死」，由於每一世所招感的果報不同，而有形貌、壽命等區別。一期生命結束後，又再起另外一期的輪迴。而菩薩、阿羅漢是「變異生死」，他們在道德、見解、悟性上和凡人不同，已經沒有身形上的輪迴，只有心念的生生滅滅，是精神上的生死。

---

64. 王岳川，《後現代主義文化研究》，台北市，淑馨出版社，1998年，初版二刷，頁258。

65. 請詳閱：周慶華，《語言文化學》，台北，生智文化事業有限公司，1999年，初版2刷，頁95。

66. 十二因緣：即「十二有支」，又名「十二緣起」、「十二緣生」。因篇幅關係，「十二有支」筆者不在此説明，請參閱：正果法師，《佛教基本知識》第一章教理、第五節「十二有支」，台北市，佛陀教育基金會，2006年，初版，頁239-276，內有詳細説明。

⟿ 悲歡離合乃人之常情。

　　一個具有宗教信仰的人，對於生、老、病、死，富、貴、窮、通等
生命現象，自然會心無罣礙、淡然處之。

　　《易經》最初源自於占卜，是因為人類對於不確定的未來，企圖
以求得神諭來解決心中的疑惑與不安。後經我國先聖先賢演繹、歸納，
並輔之以人生哲理，從原先「數術」小道，而成為有系統的生命究極之
學。中國的占卜、風水、紫微斗數、八字等命理玄學，其理論基礎都
源自《易經》。《易經》的占卜，可示人凶吉，教人趨吉避凶，可說
是另類的「心理諮商」。但它終究流於小道，是以古之聖人都以「善為
《易》者不占」以示人，而強調「制於一心」的「治心」之術，才是追
求幸福的究竟圓滿之法。上述思想對「宗教取向的生命教育」及「死亡
教育或生死取向的生命教育」具有正面意義。

2. 「整合取向的生命教育」對「生活教育取向的生命教育」的關聯性

《易經》把宇宙萬象「御繁為簡」成為六十四個卦,由具體的卦象喻意抽象的人生處世、待人接物之理。譬如《易經・繫辭下傳》第一章:「天地之大德曰生,聖人之大寶曰位,何以守位曰仁。」這句話是強調尊重生命,是仁愛精神的表現。

⊃ 尊重生命,是仁愛精神的表現。

《易經・繫辭下傳》第五章:「君子安而不忘危,存而不忘亡,治而不忘亂,是以身安而國家可保也。」《易經・繫辭下傳》第五章,子曰:「小人不恥不仁,不畏不義,不見利不勸,不威不懲,小懲而大戒,此小人之福也。」《易經》「乾卦」第三爻,〈文言〉九三曰:「君子終日乾乾,夕惕若,厲,无咎。」何謂也?子曰:「君子進德修業,忠信,所以進德也;修辭立其誠,所以居業也。知至至之,可與幾也。知終終之,可與存義也。是故居上位而不驕,在下位而不憂,故乾乾,因其時而惕,雖危无咎矣。」《易經》的「坎卦」曰:「習坎,有孚,維心亨,行有尚。」這些經文所言,都是做人處世、服務社會、治理國家的基本原則。

《易經》的「頤卦」〈象〉曰:「山下有雷,頤。君子以慎言語,節飲食。」這裡就提到自我生活的料理、生活習慣的培養,以及生活的調適的原則。

《易經》的「乾卦」〈象〉曰:「天行健,君子以自強不息。」此段經文強調天象運行,是最強健的象徵,君子效法天道的運行,以進德修業,念念自強,不稍間息。在「家人卦」提到:「父父,子子,兄

兄，弟弟，夫夫，婦婦，而家道正，正家而天下定矣。」正是強調尊重與責任的品格教育。上述經文正反映《易經》對「生活教育取向的生命教育」能發揮正面的、積極的意義。

3. 「整合取向的生命教育」對「生理健康的生命教育」的關聯性

現代醫學研究已經證實心理衛生對生理健康有極大的影響。我國很早就有「醫易相通」的說法，換言之，研究易學的人，都要把中醫學的《黃帝內經》作為最主要的參考書，該書就提到許多心理的喜怒哀樂，會影響到生理上的健康；而學習中醫之人，亦要將《易經》作為理論基礎，諸如陰陽、五行生剋之理，早就運用在中醫學的各個領域中。《易經》的醫理與佛法的「治心」之理，開拓「生理健康的生命教育」新的視野。

4. 「整合取向的生命教育」對「志業（生涯）取向的生命教育」的關聯性

譬如《易經・繫辭上傳》第五章：「繼之者善也，成之者性也。」這句話是說一個有思想、有理性的人，光是飽腹，尚不能滿足，必須要以天地之道，做為自己人生奮鬥的志業。同時，正身養德、發揚仁性，抱著在世一日，即當盡力服務社會，以終其善。它強調我們要培養高尚的品德，努力學習各種技藝，以服務社會、國家及全人類，為個人自我萃礪的目標。

鄭源國金剛上師於前述演講中提及：「人有生老病死 生老病死、念頭有生住異滅 生住異滅等，其過程且始終尚未離開相對、相應的認識，即心和物的相對、相應過程中本具相互關係的作用，它們的不二共同體須得通過窮通宇宙人生之終極意義（本源），故古德云：歸元無二途（別），則屆時說心、說物皆成自然之妙諦也。」

　　筆者再將上述之言，做如下詮釋：心靈（心）與肉體（物）是在同一（不二）的共同體上。佛家提到人生有「八苦」即生、老、病、死諸苦，求不得苦、愛別離苦、怨憎會苦、五蘊熾盛苦。前四苦是生理上的苦，它會牽動心理的傷慟；後四苦是心理上的苦，它會影響生理健康。依佛家的說法，眾苦的根本在心中的積習，心被外境誘惑、纏縛，才會覺得苦。但心為何會養成這些習慣？是由於心的分別、比較而起。有了分別好壞、美醜、善惡、順逆、是非的心，主要是來自「知見不明」。一般人在「起心動念」之際，就會起「分別心」，而造成偏執及自我的意念，這就是眾苦的根源。佛教徒從「除念」著手，以求心靈的清淨與解脫。但「除念」並非「斷念」、「滅念」，而是「轉念」。佛教徒藉由心靈修行的手段，遇到外境的誘惑、纏縛，只要以心念一轉，即可獲得解脫。這與現代心理諮商、輔導有異曲同工之妙。

　　《易經》不但提供人們做人處世的原則，並強調身、心、靈的全人化的陶冶，可以與「志業（生涯）取向的生命教育」，發揮相輔相成的效果。雖然《易經》的「治心」工夫，不像佛家禪宗那樣深刻、徹底，但它可作為「修心」課程的入門基礎。

　　以上筆者具體說明「整合取向的生命教育」與前五項「傳統取向生命教育」的關聯性，可知「整合取向的生命教育」是統整生命之「知」（知識理論的「知」）與性靈的「覺」（超越知識範疇的「覺」），所鋪陳出來的生命全象之知識體系。我們已理解生命教育是一種身、心、靈的全人教育，但前五項「傳統取向生命教育」在「屬靈」的方面似乎比較薄弱，筆者曾經嘗試以《易經》的「氣化宇宙觀」與佛法的「萬法惟心」論，來強化「傳統取向的生命教育」，以達到人們所企盼的美滿、平衡、圓融的人生。[67]

---

67. 閱者諸君，若有興趣詳究，請參閱拙著：呂雄，〈易經研習對全人教育及生命教育的意義〉，《人文及管理學報》，宜蘭市，國立宜蘭大學人文及管理學院，民國97年11月，第五期，頁111-171。

參、建構生命教育上游理論之思想體系

一、宏觀的思想體系

要統整、完善生命教育的結構和流程，必須在生命教育的上游理論中，奠定其指導性的思想綱領，才能在生命發展與教育實踐的過程中，依循典範與脈絡，來成就生命、關懷生命、完善生命。[68]

生命教育上游理論之思想綱領，概分三個層次：第一個層次是在思想尋根（經典智慧）的立足點上，建構生命教育的「尋根」理論，其論點如樹之根，河之源頭，是生命教育的根源。第二個層次是在生命脈絡（歷史基因）的研究取向上，確認生命教育的「脈絡」理論，其論點如樹之幹，河之主流，是生命教育的主體。第三個層次是在生活實踐（典範人物）的臨摩薰陶中，發展生命教育的「實踐」理論，其論點如樹之器，河之灌溉，是生命教育的目標。在人文活化、自然活化、科技活化與活在當下的文明更化過程中，統整民族文化生命的原創力，其內涵如植樹之壤，河之元質，是生命教育的本體。[69]

人的身心上游是胎教、是父母的基因遺傳、是前世之業力質素，人的整全生命上游是靈識的啟蒙、人格之陶養與覺察反省能力之精粗。生命教育之成功，奠基於上游生命的清澈無染、正直無偏。若能善於經營管理生命之上游，則此個人縱無奇才偉業，也能成就一個善人；而此社會、國家雖無雄厚資財，也能安定詳和、民無奸頑、官無貪墨。[70]

二、微觀的具體作為

「整合取向的生命教育」並非否定前五項「傳統取向生命教育」，而是在「傳統取向生命教育」既有基礎上，加上一些「屬靈」的課程。

---

68. 劉易齋，前揭書，頁101-102。
69. 同上註，頁102。
70. 同上註，頁103。

在方法上我們可以取材《易經》的「氣化宇宙觀」與佛法的「萬法惟心」論，施以受教者，使他們可以探觸到屬於心智、心靈覺受的非知識、超科學的 ─「超越界」(Transcendence)的訊息。這些訊息的傳授，在我國現有教育體制的限制下，很難在學校的正常課程中實施，譬如師資取得不易，宗教多元化平衡理念的要求（會有人質疑，為何在生命教育課程中只強調佛學？）。

　　既然生命教育是全人的、終生的教育，同時該課程的取向是取決於授課教師的認知。授課教師可在生命教育課程教導之初，總體介紹生命教育課程的六個「內容與向度」時，用少量的時間說明「整合取向的生命教育」，並提示《易經》的「氣化宇宙觀」與佛法的「萬法惟心」論的概念即可。若學生有心，自然會去研習；若學生無心研習此等理念，至少也讓他們知道「傳統取向生命教育」的內容。畢竟這種「超越界」(Transcendence)的訊息，是需要時間與人生閱歷去體驗，不必急於一時半載。授課教師可在講授「傳統取向生命教育」時，隨機、相機提示即可，不必強求學生馬上有所體悟。

　　若學生有心研習《易經》做為「整合取向的生命教育」的入門之學，教師可在正課之外，輔導學生如何將《易經》的事理，運用在日常生活行為中，並要求學生時時觀照自我，久而久之自然會體悟宇宙天理的奧妙。再以此為基礎，去研習佛法的「萬法惟心」之理，在日常生活中，對境治心（心勿隨外境奔馳競逐），工夫日久，自然會靈明覺照，接機待物自然處事圓融。以上所言，以目前的制式教育課程，極不可能實施，只有古代的師徒制才有可能一對一的教導。

　　從以上的論述得知，**生命教育是一種身、心、靈的教育，是一種是統整生命之「知」（知識理論的「知」）與性靈的「覺」（超越知識範疇的「覺」），所鋪陳而出的生命的全象。此種教育才是真正的「全人教育」。**

第三節

建構品德教育的內涵

壹、何謂「品格教育」?

「品格教育」之詞義在我國辭典《辭海》中解釋為:「教育名詞。品格乃指每個人特有行為傾向之組織,即使未發生外表行為,亦有決定傾向,決定有所為,有所不為。品格乃經過道德評價之人格,其構成要素為習慣、情操、智慧、意志、理想。品格教育包括智慧之啟發,意志之鍛鍊,理想之培育,優良習慣之養成,高尚情操之涵濡等。」[71]

《新編國語日報辭典》對「品格」一詞解釋為:「操守;品行」[72]。該辭典對「品德」所下的註解為:「人的品格和道德修養」[73]。中文的「品德」在英文中與它相對應的字是 "Character",《牛津詳解英漢雙解辭典》(Oxford English-Chinese Dictionary)對 "Character" 一字解釋為:「(人的)性格、素質;(事物的)性質、特性、特色」[74]。中文的「品德」在法文中與它相對應的字是 "Caractère",法文辭典《Le Petit Larousse》對 "Caractère" 一字解釋為:「以恰如其分的慣常行為方式,對待每個人;『品格』」[75]。而

---

71. 台灣中華書局辭海編輯委員會,《辭海》上冊,台北市,台灣中華書局,民國69年3月,初版,頁934。

72. 國語日報出版中心,《新編國語日報辭典》,台北市,國語日報社,2001年11月,初版四刷,頁322。

73. 同上註。

74. Character:collective qualities or Characteristics that distinguish a person or thing. 請參閱:《牛津詳解英漢雙解辭典》(Oxford English-Chinese Dictionary),台北市,旺文社股份有限公司,2006年2月,初版一刷,頁214。

75. caractère:Manière habituelle de réagir proper à chaque pernonne;personnalité《Le Petit Larousse》, nouvelle éd., Paris, Larousse, 1996, P. 184.

「品格」一詞在《旺文現代漢英辭典》(The Warmth Modern Chinese-English Dictionary)所作的英語解釋為："One's Character and Morals"[76]；在《漢法辭典》(Dictionnaire Chinois-Français)中所作的法語解釋為："Caractère(*m.*)；Moralité(*f.*)"[77]。從上述「品格」與「品德」之詞義探究，二者之意思幾乎相同，在某些情境可視為同義字。因此，「品格教育」與「品德教育」的意義也幾乎無分軒輊。

貳、「品德教育」的內涵

一、「品德」的意義

品德、品行[78]、品格、人品[79]、人格[80]、教養[81]、修養[82]、素養[83]、道德[84]……這些詞組雖然意義相似，在某些情境用語中可以相互替換，但有時內容指涉卻不盡相同，例如：

---

76. 北京外語教學與研究出版社，《旺文現代漢英辭典》(The Warmth Modern Chinese-English Dictionary)，台北市，旺文社股份有限公司，2002年4月，初版三刷，頁671。caractère中文譯為「品德」、「品格」或「人格特質」；moralité中文譯為「道德」。
77. 北京大學西方語言文學系、北京第二外國語學院西歐語系，《漢法辭典》(Dictionnaire chinois-français)，商務印書館、友豐書店，北京、巴黎，1990年，初版，頁516。
78. 品行：人的品格與行為。請參閱：《新編國語日報辭典》，頁322。
79. 人品：人的品格。請參閱：《新編國語日報辭典》，頁88。
80. 人格：人品。請參閱：《新編國語日報辭典》，頁88。
81. 教養：教導養育。請參閱：《新編國語日報辭典》，頁792。
82. 修養：謂陶練身心也。其義蘊與範圍，皆較教育為深長廣大，包含舉止、儀貌、藝能、意情諸端，且含自動之意為多。請參閱：《辭海》上冊，頁382。
83. 素養：平日的修養。請參閱：《新編國語日報辭典》，頁1362。
84. 道德：(1)合於道的德行；(2)社會大眾各種行為規範、價值意識與個人品德、觀念的總和。請參閱：《新編國語日報辭典》，頁1766。

(1) 沈六

「道德」乃是人類營群體生活所應遵循之是非善惡的行為規範，以及其行為之合於行為規範。[85]

(2) 傅佩榮

「品格」一詞，在英文稱為 "Character"，在中文則兼指人品與性格而言。如果以我們熟知的五育來說，德育與群育的共同歸趨，應該意近於此。換言之，品格陶冶的過程，不能脫離道德上的認知及判斷，也不能忽略群體生活的適應能力。[86]

(3) 黃崑巖

「教養」是徹底了解自己的志向、愛惜生命、領悟生活要比光求生存重要、知道自己在宇宙與社會的定位，根據利他主義的原則，成為對社會作貢獻的社會人，有目標、知有所為有所不為，燃燒自己有用的一生的熱量，和諧地在這世界一遊的人。[87]

(4) Thomas Lickona

在「品德教育」(Educating for Character)一書中，認為品德是道德認知(Moral Knowing)、道德情感(Moral Feeling)、和道德行動(Moral Action)三種要素的組合。[88]

上述說明雖有高度的重疊之處，但是仔細思考還是可以區辨出其中的層次上的異同。如果考量「個體」自我認知、知覺或思想的核心部分，通常我們會使用品格、人格；若是「個體」覺知或思想較外圍、顯

85. 沈六，《道德發展與行為之研究》，台北，水牛出版社，1986年，初版，頁10。
86. 傅佩榮，〈從孔孟到聖經：約、恕、儉、敬勾勒人生全景〉，《品格決勝負：未來人才的祕密》，台北，天下雜誌出版社，2004年，初版，頁104。
87. 黃崑巖，《黃崑巖談教養》，台北，聯經出版社，2004年，初版，頁192。
88. 閔宇經，〈以閱讀為導向的品德教育：新文藝復興運動〉，致理技術學院通識教育中心主辦，《2009品格教育研討會論文集》，台北縣板橋市，2009年4月23日，頁23。

外於眾（或行為），通常我們會使用品行、教養、修養；針對個人，我們會說：「這個人的『修養很好』（或『教養很好』）」，但是我們不會說：「這個人的『道德高尚』」，因為「道德」通常是形容「集體」或社會的。[89]

二、「品德教育」具有雙重的構面性

李琪明教授認為當代民主自由開放社會之品德教育，其重要意涵有四[90]：

(1) 品德教育是兼顧知善、樂善、行善等多面向教育歷程與結果，並非僅限於知易行難。

(2) 品德教育係引領學生由他律至自律之全人教育，而非僅限於生活常規。

(3) 品德教育含括個人修養（個人道德）、人際關係（偶性道德）、公民資質（公共道德）以及過程價值（溝通、辯論等能力）之多面向教育，並非侷限於個人私德。

(4) 品德教育乃對有關善之核心價值、原則及其脈絡，不斷反省與批判之教育動態歷程，絕非單指文化傳統之復興，而在於文化精髓融合現代精神之創新轉化。

以上四點說明著「品德」一詞，實際上是從「個人（個體）」的「善」走向「社會（集體）」的「善」（公益），實帶有「雙重的構面性」[91]：

---

89. 同上註，頁24。
90. 李琪明，〈品德教育之課程設計理念及其教學模式〉，《學生輔導》，台北，第92期，2004年5月，頁9。
91. 閔宇經，前揭文，頁24。

(1) 就第一重構面性（個體）而言，品德係由私領域一路走向→公私
混合領域→公眾領域展開，也就是類似李琪明教授所說的個人道
德、偶性道德、公共道德。

(2) 就第二重構面性（集體）而言，在抽象的文化或社會層次上，由
於社會變遷因素，所以個人道德、偶性道德、公共道德長時期面
臨內容上的改變。

(3) 就此兩種構面性相互共變影響而言，它們互為彼此的因和果，正
如同社會化一樣，正如同社會化一樣，在社會化過程中（時間因
素），個人由社會而習得的規範，發展成自我的人格心靈；反
之，社會也由個體的影響，而造成自身文化的變遷。

從上述的觀點可知，「品德教育」是一種從個人的心理、生理的教
育，發展到社會的整體的「健全的教育」、「完整的教育」。李琪明教
授認為「品德教育」（身、心、社會教育）就是「全人教育」，他是以
以純社會科學的角度探討「全人教育」的內涵。它與筆者所認同的「全
人教育」（身、心、靈的教育）是有所差別的。

第四節

生命教育與品德教育
的比較

生命教育所揭櫫的是在身、心、靈方面均衡協調之**全人教育**，換言
之，它是一種身、心、靈在生活體系中統一性的展現。**品德教育**所強調
是，內在心覺與外在行為的調和，也就是身、心在生活體系中統一性的
表現。因此，**生命教育**才是最完整的**全人教育**。

生命教育比品德教育多考慮「屬靈」的修養，它是置於「人與『超越者』(Transcendent)關係間之『內在』（心靈）統一性」上。因此，一些宗教徒所孕育的人格，是將他們自身置於與「超越者」關係中，當作人與「超越者」間不可分割的「統一性」(Unity)來處理。這時他們的「人格」本來就是與超越者的關係為前提，而且在此種關係中成立。生命教育在「屬靈」部分所陶冶出的「人格」，不是屬於「與世俗生活有關的教條」（如儒家的世俗生活有關之教條）下所產生的「人格」。一個經過「屬靈」生命教育的歷練者，他雖生活在世俗中，但他並不隨世俗的規矩而生活。對他而言，世俗生活是透過不斷的規律活動，來實現「超越者的榮耀」，只有如此，生活才有意義。

末學以「外在行為與內在心靈的統一性」之深化程度，來檢視生命教育比品德教育更有資格稱為全人教育。

 問題與討論

1. 何謂「全人」？

2. 全人教育的內涵應涵蓋哪些面向？

3. 試檢述「生命學」之定義。

4. 何謂「生命教育」？

5. 試簡述生命教育的內容。

第 **2** 章

國際禮儀

第一節

國際禮儀概述

壹、國際禮儀的演化

中國歷史源遠流長，文化[1] 博大精深。「禮」[2] 在中國文化中是一個

---

1. 文化(Culture)：第一位對「文化」下定義的學者是英國民族學家泰勒(E.B.Taylor)，他在一八七一年發表的《原始文化》(Primitive Culture)一書中對文化下了定義：「文化或文明，以民族誌的廣泛意義而言，是一個複雜的整體，包括了一個社會成員所獲得的知識、信仰、藝術、道德、律法、習俗以及其他能力與習慣。」是以我們把文化看作某一社會所持有的文明現象的總合，此處泰勒並未對「文化」與「文明」(civilization)加以區別。【參閱：王宜燕、戴玉賢譯，Robert Wuthnow, James Davison Hunter, Albert Bergesen & Edith Kurzweil原著，《文化分析》(Cultural Analysis)，台北，遠流出版公司，2002年，初版三刷，頁3；吳錫德譯，C. Delmas原著，《歐洲文明》(〈La Civilisation européenne〉，《Que sais-je？》)，台北，遠流出版公司，2001年，初版五刷，頁6】。各國學者對文化所下的定義，因仁智之所見各有不同。我國傳播學者汪琪對「文化」(Culture)作如下的綜合性定義：「文化」是由許多不同部分所組成的系統；這些部分彼此作用、彼此依賴，有些是我們可以看見的、實質的物體（如藝術品、建築物、衣著）、制度（法律）、組織（宗教），有些是內在的，看不見的物質（如價值、道德觀、信仰、哲學思想）。由這些「部分」所構成系統 — 文化為我們提供了生活的範疇，另一方面，它也受到自然環境、其他文化和每一個個人的影響，彼此作用的結果，使文化不斷衍生、變遷。【參閱：汪琪，《文化與傳播》，台北，三民書局，民國88年，四版，頁17-18。】
   由此我們可以知道文化是動態的，它有我們不見的部分，也有我們可以感覺到、看得見、聽得到，甚至嚐得到的部分。它影響我們，我們也可以影響它（雖然一般而言，我們對它的影響是較為微小而難以察覺的）。總結一句，文化是除了自然環境與人類本能之外，無所不包的。
2. 這裡所稱的「禮」是指我國傳統文化中「四維八德」中的「禮」。首先我們要了解人們的思考方式、推理法則反映在語文上，同樣的，價值觀與行為模式，也在語言中表現出來。這些抽象概念對生於斯、長於斯的個人所耳熟能詳，對於其他的人，卻很可能是難以明瞭的。「禮」在英文可譯為**Politeness, Etiquette, Courtesy**。這幾個字在中文與「禮節」、「禮儀」或「彬彬有禮」的「禮」可以說是包括了這些，但是「禮」還及於一般人與人相處的原則，如「禮遇」有「尊敬以待」的意思；

極古老的字彙，本來是謂「敬神」，後來引申作：「為表示敬意，以及為表敬意或隆重而舉行的儀式。」在中國古代的封建社會中，「禮」又引申為「泛指貴族等級制的社會規範」。[3] 孔子曰：「禮者何？即事之治也。君子有其事，必有其治」。管子曰：「禮者，因人之情，象義之理，而為之節樂者也」。我國的《青年守則》亦說：「禮節為治事之本」。所以禮節是治事待人的準則，也是人與人之間相處的規範。更淺顯的講法，就是「規規舉舉的態度」。[4] 周公為周朝制定的種種禮樂制度叫「周禮」，孔子提倡「六藝」，以《禮記》為「六藝」之首。《禮記》更是秦、漢以前各種禮儀論著的選集。古代官制，中央政府設六部，「禮部」居其一。由此可知，我國素稱「禮義之邦」，是名副其實。[5]

西方國家的「禮儀」(Etiquette) 一詞，最早出現於法文的 "Étiquette"，其原意是「法庭上的通行證」。古代法國的法庭，把一些進入法庭後所必須遵守的規則，都寫在一張長方形的通行證上，發給每個進入法庭的人手上，要求他們遵守法庭規則。從這種規則的內涵上看，與中國古代的「禮儀」已非常近似。[6] 後來這個字被引進在英文中，就變成「人際交往的通行證」。後來又經過不斷的演化，英語中的 "etiquette" 意為上流社會中行為規範的法則，或指宮廷禮儀和官方生活

「進、退不失於禮」，則表示個人待人處事知分寸、不逾越行為的規範、準則。從上述說明可知「禮」可以勉強翻譯為英文，但是如果沒有經過詳細的說明，甚至儒家思想的基本知識，僅僅憑著字面翻譯，英國人或美國人終究還是很難了解根本含義。「禮」譯為英文是如此困難，譯為西班牙文、法文、德文等其他同一語系的語言，當然也不會更簡單。唯一例外，或許是日文、韓文，只因為日本與韓國文化受儒家思想的薰陶，語文較為接近。以上所提到的，是「不可譯」或「難譯」的有關價值觀念及行為準則的抽象觀念。其他還有許多「抽象層次」相當高的價值觀念在翻譯上並不造成困難，但是隱藏在這些辭句下的意義，卻可能是相當不同的。這些不同有的時候是文化所造成的，也有的時候是政治操縱的結果。【請參閱：汪琪，前揭書，頁175-176。】我們在從事外交或涉外工作時對於「辭彙」的真實意義的掌握，必須要注意文化的差異性。

3.　黃金祺，《什麼是外交》，北京，世界知識出版社，2004年，初版，頁64。

4.　歐陽璜，《國際禮節》，台北，幼獅文化事業公司，民國77年，增訂版，頁1。

5.　歐陽璜，前揭書，頁3；黃金祺，前揭書，頁64。

6.　顧希佳，《禮儀與中國文化》，北京，人民出版社，2001年，初版1刷，頁13。

中的公認準則。這樣的解釋與古代中文的「禮」十分接近，所以亦可證明西方文明國家自古以來亦是重視禮儀法度。[7]「禮」是文明[8]發展的必然產物。隨著國際交往的發生又發展出國與國之間的「禮」。自古國與國之間都會發生權力的競合，但無論古今中外只要涉及國際交往，仍是要注重「以禮相待」，即使是發生衝突，也秉持「先禮後兵」的原則。[9]

有禮貌點～
先喝三杯再說！

是是是…
經理～

➲ 強者總是如上圖，以自己的「禮」
加諸於弱者身上。

「禮」在各國形成過程中，都曾有兩個特性：一為「等級性」(Hierarchical Character)；一為「民族性」(National Character)。中國古代的「叩頭」就是集這兩種特性於一體的「禮」。在國與國之間的交往中，「禮」的這兩種特性必然是會相互衝擊、相互滲透，有時還會發生衝突。在以「強凌弱、眾暴

7. 黃金祺，前揭書，頁64。
8. 文明(Civilization；la civisation)：在《世界辭典百科全書》(World Encyclopedia)（台北，中視文化公司／中國百科出版社，民國86年，初版，第六冊，頁2268）中解釋：(1)猶言「文化」，如精神文明；(2)指人類社會開化之狀態，與「野蠻」相對。在法文辭典《Le Petit Larousse》(nouvelle éd., Paris, Larousse, 1996, p.231)解釋：(1)Action de civilizer（開化的行動）；fait de se civiliser（受教化的事實）。(2)Ensemble des caractères propres à la vie culturelle et matérielle d'une société humaine. *La civilisation occidentale.*（在一個人類社會的文化與物質生活當中所屬的整體特質。例如，西方文明）(3)Cet ensemble porté à un degré extrême d'évolution.（這個特質整體是針對一項進化的極至程度而言）。從上可知，「文明」是指人類社會開化之狀態；有時又與「文化」的意義不加以區別。正如註一中所言，英國民族學家泰勒就並未對「文明」與「文化」加以區別。佛洛依德(Sigmund Freud)在一九二七年一篇名為《幻覺的未來》(Die Zukunft einer Illusion)的論文第三三〇頁中說：「人類的文化使他們的生活大大超越動物的生存條件，這是他們和動物最不同的地方。我拒絕在文化、文明間劃清界線，因為它們是一體兩面的事。」是以佛洛依德認為「文明」與「文化」是同一事實的一體兩面。【參閱：翁德明譯，Victor Hell原著，《文化理念》（《L'idée de culture》，《Que sais-je？》），台北，遠流出版公司，1995年，初版二刷，頁3，18。】
9. 黃金祺，《什麼是外交》，北京，世界知識出版社，2004年，初版，頁64。

寡」為主導的國際關係權力體系中，一般總是強者企圖以自己的「禮」強加於弱者身上。[10]

西元一五〇四年羅馬教皇朱利諤士二世(Pope Julius II)下令頒布歐洲各國君主的序位〔Order of Precedence；亦稱為「位次」或「在先權」（亦稱「優先地位」；Precedence）[11]〕。因教皇受命於天（上帝），操有神權，權位高於一切，遂自封名列第一；其次是神聖羅馬帝國皇帝(Emperor)，再其次是前者的繼承人羅馬王(King of the Romans)。其後依序為法國國王、西班牙國王、阿拉剛（Aragon；現為西班牙的一部分）國王、葡萄牙國王，英國國王，西西里(Sicily)國王等等，丹麥國王排名最後。有關國家並不歡迎這種排法。此後，除了羅馬教皇與神聖羅馬帝國皇帝外，此項次序時有變動，且常發生爭執。[12] 歷史上，中國周圍的一些小國曾對中國「俯首稱臣」、「進貢」。在清朝時期，我國曾因禮節問題與歐洲國家引起外交爭端[13]，象徵著大清帝國的沒落。

當然，「禮」也是文化的重要組成部分。隨著各國的文化交流，「禮」也在交流。我們常說「入鄉問俗」(On Entering a Country, Inquire about its Folk Ways)、「入境隨俗」(Do in Rome as the Romans do)，

---

10. 同上註，頁65。
11. 在先權（亦稱「優先地位」；Precedence）：為典禮、宴會或正式會議居於上位 (the place of honour) 的權利。優先順序之爭由來久矣，且很認真。請參閱：朱建民，《外交與外交關係》，台北，正中書局，民國69年，台二版，頁257。
12. Lord Gore-Booth，《Satow's Guide to Diplomatic Practice》，5th ed.，台北，中央圖書出版社翻印，民國72年，頁20-21。並參閱：袁道豐，《外交叢談》上冊，台灣商務印書館，民國71年，初版，頁66。
13. 西元一七九三年，英國公使觀見乾隆皇帝，為了「叩頭」(Kotow)就引發了爭端，嗣後便成為中外交涉史中的一個重要問題。嘉慶二十一年（西元一八一六年）因英使不肯磕頭，遂被驅逐。到了咸豐時，為了與英、法、俄、美四國商訂城下之盟的條約，清廷嚴令負交涉重任的桂良，說「條約中外國公使駐京一節，其一切跪拜禮節須悉遵中國制度，且必須更易中國衣冠；如外使能允所請，則可將條約呈進，否則更約！」由此可見咸豐皇帝對喪權辱國的條約，看得輕，反而對叩頭呈遞國書則視為天下第一大事，其昏庸顢頇可知。【參閱：袁道豐，前揭書，頁67。】

「俗」(Folk Ways)就包括「禮」(Etiquette)在內[14]。日本和韓國的許多「禮」就來自古代中國，特別是唐代。目前在我國通行的握手禮和軍人的舉手禮都來自西方。隨著時間的推移，今日在國際交往中奉行的各種「禮」，已形成一系列國際通行的習尚(Usage)[15]。這與當今國際關係中所遵循的各種准則、規則和慣例[16]（亦稱為「習慣」，Custom）一樣，

14. 在此我們有必要釐清「禮」與「俗」的區別，根據《禮記·曲禮上》云：「禮從宜，使從俗。」意謂「在朝廷裡要實行適宜的禮制，而出使在外，到了一個地方就得服從這個地方的風俗。」此表明「禮」與「俗」是兩個不同的概念。原本禮制適用在上層社會（《禮記·典禮上》言：「禮不下庶人。」禮制是國君、諸侯、士大夫們舉行的禮儀，與庶民無關。），風俗適用在下層社會。若從產生的時間而言，風俗的產生要比禮制早得多。一方面，禮制是對風俗的規範化、程式化、制度化，將風俗提升起來，並且進一步理性化，最終成為禮制。另一方面，統治階級又借助於政治、教育的力量，對民間風俗進行整合，把禮制下沉，使之變成老百姓普遍要遵守的行為規範，於是禮制又成了風俗。這樣經過「上升」、「下沉」的過程之後，形成新的、規範化的風俗，通常就稱之為「禮俗」。參閱：顧希佳，前揭書，頁27-28。

15. 習尚(Usage)：習尚乃國際間交往之例常行為，但尚未成為法律者。【參閱：蘇義雄，《平時國際法》，台北，三民書局，民國80年，修訂再版，頁31。】「習尚」是從事某種行為的習性，但其從事此種行為時，並無堅信根據國際法有這種義務或權利。【參閱：丘宏達，《現代國際法》，台北，三民書局，民國84年，初版，頁63】「習尚」是做某種行為的慣行，而這種慣行卻不是在這些行為按照國際法必須的或正當的信念下形成的。所以，各國關於它們的國際關係的某種行為可能是「通常的行為」，而不產生國際法習慣法的後果。【參閱：王鐵崖等譯，Sir Robert Jennings & Sir Arthur Watts原著，《奧本海國際法，第一卷第一分冊》〔Oppenheim's International Law, Vol. I – Peace (Intraduction and Part 1) Ninth ed.,〕，北京，中國大百科全書出版社，1995年，初版，頁16；Sir Robert Jennings & Sir Arthur Watts，《Oppenheim's International Law, Vol. I – Peace (Introduction and Part 1)》，Ninth ed., London, Longman Group UK Limited., p.27。】注意！在此書中譯者都將 "Usage" 譯為「慣例」；把 "Custom" 譯為「習慣」。此問題在丘宏達所著之《現代國際法》一書中第63頁亦提及此事，他認為把 "Usage" 譯成中文為「習尚」較不易引起混淆。

16. 「慣例」（或稱「習慣」；Custom）：「習尚」繼續行使，達到各國普通承認此種行為或不行為具有法律的權利與義務的性質時，習尚即成慣例。「慣例」是具有法律效力的「習尚」。因此「慣例」構成實質要件有二：(1)時間上的連續適用；(2)空間上的普遍適用。【參閱：蘇義雄，前揭書，頁31-33。】在心理要件上：所謂的「國際習慣」是指「一種明確而繼續的從事某種行為的習性；而這種習性源於堅信根據國際法有義務或權利來這樣做。」【參閱：丘宏達，《現代國際法》，頁63】《國際法院規約》第三十八條第一項稱「國際習慣」是「一般實踐（通例）而經接受為法律者。」【參閱：蘇義雄，前揭書，頁34】

都是歐洲各國間在近幾個世紀長期交往下，所逐漸凝聚的規範和一致實踐的結果[17]。隨著歐洲各國勢力的擴張而推行到世界各國。我國因大勢所趨，亦不敢自外於國際社會規範。

在此我們必須了解「國際禮貌」（亦稱「國際禮讓」；International Comity；*la Convenance et Courtoisie internationale*）也會影響國際法的發展，各國在彼此交往中，不僅遵守「有法律拘束力的規則」(Legally Binding Rules)，和具有習尚(Usage)性質的規則，而且也遵守禮貌、便利和善意的規則(Rules of Politeness, Convenience, and Goodwill)。這種國際行為規則不是「法律規則」(Rules of Law)，而是「禮讓」(Comity)。例如，各國允許外交使節免納關稅，是「禮讓規則」(a Rule of Comity)的結果[18]。若這種「禮讓」具有國際法的「法律規則」(a Rule of International law)作用，它就變成「慣例」[19]。國際法與「國際禮貌」（亦稱國際禮讓或國際睦誼；International Comity）從一開始都是一種「習尚」(Usage)，但是各國之遵從「國際禮貌」，是基於一種便利；而遵從國際法卻是一種義務。因此，違背「國際禮貌」，僅使兩國關係趨於不愉快或不方便狀態，國家並無遵守國際禮貌的法律義務[20]；但違背國際法就發生「國際責任」(International Responsibility)問題，就必須有

---

17. 礙於篇幅，有關歐洲各國之國際法或外交禮節發展過程，請詳閱：陳錦華譯，I A Shearer原著，《國際法》(Starke's International Law)，五南圖書出版有限公司，民國88年，初版一刷，頁10-17。

18. 王鐵崖等譯，Sir Robert Jennings & Sir Arthur Watts原著，《奧本海國際法，第一卷第一分冊》〔Oppenheim's International Law, Vol. I – Peace (Introduction and Part 1) Ninth ed.,〕，北京，中國大百科全書出版社，1995年，初版，頁30-31；Sir Robert Jennings & Sir Arthur Watts，《Oppenheim's International Law, Vol. I – Peace (Introduction and Part 1)》, Ninth ed., London, Longman Group UK Limited., P. 50-52。

19. 杜蘅之，《國際法大綱》上冊，台北，台灣商務印書館，民國72年，修訂一版，頁41。

20. 彭明敏，《平時、戰時國際公法》，台北，三民書局，民國53年，增訂五版，頁3。

所賠償[21]。由於國際社會之進展，「國際禮貌」可能變成國際法〔如外交人員之優例（或稱「特權」Privileges）與豁免(Immunities)，漁船在海戰中之不受拿捕〕，國際法也可能流為「國際禮貌」（如對海上軍艦之敬禮），讀者對此二者仍應辨別清楚[22]。同時我們還要進一步了解「外交人員之優例與豁免」，有些是導源於慣例，有些是為了睦誼，還有的是根據互惠原則(Principle of Reciprocity)[23]。

在此應該注意的是，當今在國際交往中的「禮節」(Etiquette)，是以國家主權平等(Sovereign Equality)及互惠(Reciprocity)為最高指導原則，所以「禮」的「等級性」（即「不平等性」）基本上已經消失。各國的「禮」雖然都遵守已形成的國際慣例，但在不同的程度上仍保持著各自的民族性。譬如印度和巴基斯坦在歡迎客人時獻「花環」，緬甸和柬埔寨等佛教國家對客人行「合什」禮，等等。如前所述，「禮」是文明發展的產物，所以在某種程度上它是反映該國的文明、文化和社會風尚。

---

21. 國家違反國際法規而致損害他國或他國人民時，該國對於被害國，須負賠償責任。國際責任的制度，乃根據國際法的不成文法規，不是俟條約規定而才存在的。參閱：彭明敏，前揭書，頁294。

22. 杜蘅之，前揭書，頁51；雷崧生，《國際法原理》上冊，台北，正中書局，民國64年，台十版，頁4。「對海上軍艦之敬禮」是屬於「海上敬禮」(Maritime Honours)的禮節。在一八一八年十一月二十一日舉行「愛克斯‧拉‧夏伯爾」會議(the Congress of Aix-la-Chapelle)與會代表曾簽訂一項議定書(Protocol)，其中有海上禮節的規定。但當時並未採取實際措施來實踐這一協議。（參閱：Lord Gore-Booth,《Satow's Guide to Diplomatic Practice》, 5th ed.，台北，中央圖書出版社翻印，民國72年，頁36。）「海上敬禮」係國際禮儀與國際習慣的結果，目前對此種禮節國際公法向無規定，多由各國自己規定，故禮節各有不同。國際間之所以要行使此種禮節，實為表示尊敬之意，不如此則國家尊嚴不足表明。故兩國軍艦、商船相遇於公海、領海內，或軍艦、商船經過礮臺時，必須彼此鳴礮，相互敬答。……時至今日，「海上敬禮」早已成為國際間通行的儀式，不論大國、小國的軍艦，均一律舉行，絕無尊卑之別。甲國軍艦亦無權要求乙國軍艦向之行禮。蓋「海上敬禮」係一種國際禮節，而非權利與義務之關係，任何國家都有自由行使之權，如他人鳴礮以敬我，我亦鳴礮以答之，禮尚往來，如此而已。（參閱：楊振先，《外交學原理》，上海，商務印書館，民國25年，初版，頁228-229。）

23. 張道行、陳劍橫，〈外交研究〉，王雲五主編，《各科研究小叢書》，台北，台灣商務印書館，民國57年，初版，頁101。

綜上所述，今日任何國家所遵行的禮儀，幾乎無法以排外的態度來唯我「禮」獨尊。由於國際社會的關係日益密切，加上交通來往又甚便捷，許多禮儀已經國際化。故現在我們所要探討的禮儀，無論是「商業禮儀」、「國際禮儀」乃至「外交禮儀」(Protocol)，均容納西洋禮儀。西餐的吃法、西洋的禮服、婚禮的儀式、接待外賓的儀式、座位的安排、舞會和觀賞戲劇的禮節等等，都是採自西洋禮節。即令目前，有關禮儀的規範都還在演變中[24]，許多繁文縟節的禮儀也逐漸簡化並予以國際化。

貳、有關禮儀的專有名詞解釋

一、西方先進國家有關禮儀的英、法文專有名詞

(一) Etiquette；*l'étiquette*（f.）（禮節，禮儀）

即為交際應對的酬酢禮節[25]。指一般的禮節，也是指一般社交應酬的方式[26]，屬社交場合，人際間的交往、日常生活等應注意的細節和被普遍遵守的行為規範準則。一般西方有關商業禮儀的著作，即以"Eetiquette"為名，所討論的範圍，包括日常生活中的衣著、家庭、行為、交談、拜訪、宴會、婚、喪、喜慶社交等[27]。

---

24. 薩陶在《薩陶外交實務指南》中指出：有時人們以為禮儀是永遠靜止不變的，實際上，它一直在變，外交禮儀在各國元首、政府或使館館長(Heads of Missions)的倡議下，也在改變，只是變動得較慢而已。參閱：Lord Gore-Booth，《Satow's Guide to Diplomatic Practice》，5th ed.，台北，中央圖書出版社翻印，民國72年，〈Acknowledgements〉，p. XV.。

25. 歐陽璜，《國際禮節》，台北，幼獅文化事業公司，民國77年，增訂版，頁1。

26. 黃貴美，《實用國際禮儀》，台北，三民書局，2003年，初版九刷，頁3。

27. 莊淑婷，《商業禮儀》，台北，高立圖書有限公司，民國91年，初版，頁7。

(二) Courtesy；*la courtoisie*（禮貌）

Courtesy在英文辭典中解釋：(1)禮貌(Politeness)，謙恭(Civility)，文雅(Urbanity)，禮讓(Courtliness)；(2)謙遜或恭敬的行動(An Act of Civility or Respect.)；(3)恩惠或恩寵，有別於應得的權利(Favor or Indulgence, as Distinguished from Right.)。[28]

泛指一般客氣的儀態[29]。也就是指一般的禮貌，為客氣禮讓的行為，也是給予尊重的禮遇表示[30]。是屬個人在日常生活中，良好的行為舉止與風度，如恭敬的態度、優雅的儀態。Courtesy的第三種意義，可以用「禮遇簽證」(Courtesy Visa)[31]來說明：我國在核發外籍民間人士入境簽證時，若該名人士在該國聲譽隆著、素浮眾望，且長期推動我國與該國敦睦邦誼之工作，成效卓著者，此時我國對該名人士給予「禮遇簽證」(Courtesy Visa)，以示尊重與禮遇。

(三) Comity；*la Convenance et Courtoisie*（禮貌，禮讓）

Comity在英文辭典中解釋：(1)地位同等的人之相敬禮貌(Courtesy between Equals.)；(2)友誼的禮讓(Friendly Civility)。[32]

我們用「國際禮貌」（或稱「國際禮讓」、「國際睦誼」，International Comity；*la Convenance et Courtoisie internationale*）來解釋Comity其在國際關係中的意義。奧本海(Lassa Francis Lawrence Oppenheim)在其著作中提到：「此外尚有一種特殊之勢力，其名曰『禮貌』(Comit；*Comitas Gentium, La Convenance et Courtoisie internationale*；*Staatengunst*)亦足以影響國際法之成長。當列國往來之

---

28. 《英英／英漢國際大辭典》，台北，大中國圖書公司，民國67年，再版，頁340。
29. 歐陽璜，前揭書，頁1。
30. 黃貴美，前揭書，頁3。
31. 一般國家在核發外籍人士入境簽證有四個等級：(1)外交簽證(Diplomatic Visa)；(2)公務簽證(Official Visa)；(3)禮遇簽證(Courtesy Visa)；(4)一般簽證(General Visa)。
32. 《英英／英漢國際大辭典》，台北，大中國圖書公司，民國67年，再版，頁293。

際，不但遵守法律及成例（即前所謂之『習尚』），尤注意謙恭、便利及善意等成規。凡此皆屬禮貌，非法律也。國際禮貌者，顯然與國際法有別，決非國際法之來源。但昔日之國際禮貌，往往變作今日之國際法。預料此種變化，行將繼續不絕，故今日之國際禮貌，將來或竟變為國際法也。」[33]

縱使一地主國不行使國際禮貌，不給予便利或禮讓，也不違法，不致引發國際責任和義務問題，只會使有關國家感到不方便或不愉快而已，該外國不能主張國際禮貌是權利而提出抗議，更不得要求賠償損害。國際禮貌常是一種習尚(Usage)，不是「作為通例之證明而經接受為法律」的國際習慣，沒有法律性質，須經多國普遍長久仿行，才可演變為國際法規則。例如外交官於駐所地國家享受特權及豁免，雖然現在已有國際公約加以規定，卻原是由國際習慣形成的。[34]

(四)　Formality；*la formalité*（儀式）

乃指典禮(Ceremony)中的儀式，以一些繁文縟節的規範，表現在行動方式上。例如民間的婚喪喜慶；政府的施政、治軍；國際間的派使、訂約；在國際會議的舉行上，給予其莊嚴化和秩序化[35]。

(五)　Politeness；*la politesse*（言行舉止彬彬有禮）

根據法文辭典《Le Petit Larousse》對 "Politesse" 的解釋是：「(1)在一個社會中現仍在使用評量一個人，他是否符合良好的教養及謙恭的行為之整體標準；對這種標準尺度的遵循；(2)言行符合這種標準。」[36]

---

33. 岑德彰譯，Lassa Francis Lawrence Oppenheim原著，《奧本海國際法—平時》上冊，台北，台灣商務印書館，民國66年，台一版，頁20。
34. 陳治世，《國際法》，台北，台灣商務印書館，1995年，初版三刷，頁3-4。
35. 黃貴美，前揭書，頁3。
36. La politesse：(1)Ensemble des règles de savoir-vivre, de courtoisie en usage dans une société； respect de ces règles. (2)Action, parole conforme à ces règles. 《Le Petit Larousse》, nouvelle éd., Paris, Larousse, 1996, P. 800.

(六) Manners；*des manières*（禮貌的社交行為）

"Manners" 在此處是以複數形態來表現，其意指(1)一群人或一個階層的人的社交行為或行為準則(Social Conduct or Rules of Conduct, as of a People or Class.)。特別是指禮儀或儀式；(2)舉止(Behavior)；(3)禮貌的態度(Polite Deportment)。[37]

(七) Ceremony；*la cérémonie*（典禮）

為典禮儀節，包括典禮中的儀式，及儀式中的程序。國家元首的就職，閱兵典禮，王室之婚嫁，國慶日之慶祝，元首之喪葬，及一般民間之婚、喪、喜、慶等之慶、賀、弔、唁，均屬於典禮的範圍。[38]

(八) Protocol；*le protocole*（外交禮儀；草約）

"Protocol" 原義是指習俗禮尚、公文程式或條約草案。在外交上有兩種不同的意義，(1)外交禮儀與典禮；(2)條約草案或草約[39]。例如在法國「外交部禮賓司」叫作：*Le Protocole au Ministère des Affaires étrangères*。在我國「外交部禮賓司」叫作：The Protocol Department of Foreign Affaires Ministry。禮賓司的業務包括「禮節」(Etiquette)、「禮儀」(Ceremony)，以及日常的交際，酬酢的禮貌。禮賓司的第一科為「交際科」，英文譯為Protocol Section，以辦理貴賓接待與宴會、酒會為主要業務，與Courtesy及Etiquette的關係至為密切。禮賓司的第二科為「典禮科」，英文譯為Ceremonial Section，以辦理各種典禮為主要業務[40]。

---

37. 《英英／英漢國際大辭典》，台北，大中國圖書公司，民國67年，再版，頁895。
38. 莊淑婷，前揭書，頁7。
39. 袁道豐，《外交叢談》上冊，台灣商務印書館，民國71年，初版，頁84。
40. 歐陽璜，前揭書，頁1-2。

二、禮節與禮儀不同之處

　　根據張道行教授對 "Protocol" 的論述可知， "Protocol" 是「外交禮儀」，是「各國元首、部長及外交代表間交換的一切官方文字，或本人往來所必須遵守的禮儀規則」，簡言之，即為「外交禮節與文牘規則」。它包括「外交禮節」(Etiquette)與「外交公文程式」(Diplomatie Document)。從這角度去看「外交禮儀」的廣度遠大於「外交禮節」。

　　歐陽璜大使從上述的禮賓司的分科分工來判斷，而導出「禮節」(Etiquette)與「禮儀」(Ceremony)有廣狹之分。他認為「禮節」是「治事待人的準則」，其適用範圍普及於私人來往，社交活動，乃至於外賓接待。至於「禮儀」(Ceremony)（注意！ "Protocol" 與 "Ceremony" 在中文都稱為「禮儀」，但要區別其實質含意的不同）一詞則為「典禮儀節」的簡稱，其適用範圍較「禮節」為小，僅適用於莊嚴隆重的場合：如結婚典禮、祭孔大典、國宴、贈勳、簽約、宣誓等，都有擬具的「典禮儀節」，此與一般風俗習慣所形成的「出入應對」之禮節，雖互為表裡，然兩者顯有軒輊輕重之別。[41]

三、禮節與禮貌相異之處

　　「禮節」與「禮貌」(Courtesy)亦異，「禮節」切實而具體，「禮貌」廣泛而空洞。純粹的「禮貌」不一定合乎「禮節」。例如敬老是一種禮貌，但如遇見任何老人就行禮鞠躬，這就無法說是「禮貌」，更不合乎「禮節」。又如出入電梯互相禮讓，係屬「禮貌」，若禮讓過度而致影響第三者搭乘電梯，則有失禮之嫌。由上可知，「禮節」是「禮貌」的節度，真正的「禮貌」，應具備「禮節」的條件。[42]

---

41. 歐陽璜，《國際禮節》，台北，幼獅文化事業公司，民國77年，增訂版，頁2。
42. 同上註，頁2-3。

參、大多數的國人都不諳國際禮儀

《職場禮儀34%上班族不及格（平均分數62分，年資十餘年職場老鳥最低分）》（《基督教論壇報》）

【本報記者綜合報導】職場禮儀非常重要，但也是經常被忽略，根據一項禮儀問卷，有3成4的受訪上班族不及格，全數答對的人更少，令人驚訝的是，工作年資在十一至十四年的職場老鳥，竟然平均分數最低，僅有60.56分，而整體上班族平均分數僅62分。

這項「上班族職場禮儀檢測大調查」從十一月一日至十一月二十日進行，調查方式為從《9999汎亞人力銀行資料庫》內隨機抽樣1500筆，透過網路問卷，有效回收720份，回收率48%，當信心水準為95%，正負誤差值3.25%。

這份問卷僅問到基本的國際禮儀，例如「介紹男女雙方認識時，應先介紹女生給男生，還是先介紹男生給女生？」答對的人數比例只有18.89%；另外「男女握手時，應該是男生先伸手還是女生先伸手？」答對的比例只有35.83%，顯示國內上班族對於職場基本禮儀的常識明顯不足。

調查顯示，9成2的受訪上班族覺得「具備職場禮儀是找工作時的條件之一」，5成9的上班族更認為這是「尊重自己企業及工作」的表徵，但有6成7的上班族「覺得自己的職場禮儀不足」，也有2成的受訪者認為「上司的職場禮儀不足」或「非常不足」，顯示國內上班族不僅認為自己有點「沒禮貌」，上司也時常失禮。

當問到禮儀知識的來源時，4成8的受訪者靠「職場中學習」，3成8則是「看電視」，3成7表示職場禮儀常識「來源不足」或「非常不足」。顯示國內上班族的職場禮儀知識來源貧乏，幾乎等於只能靠自己摸索，或者是看主管如何以身作則。而有5成5的上班族心目中認為主管的職場禮儀只是「普通」，認為「充足」和「非常充足」的合計不到四分之一。

《9999汎亞人力銀行》營運長楊肯誠表示，這次「上班族職場禮儀檢測」總平均分數為62.59分，勉強及格。若就年資而言，工作年資在「十一至十四年」的職場老鳥卻是所有族群裡的最低分，平均60.56分，稍低於年資在「一年以下」的62.02分，更遠低於工作年資在「二至五年」的63.25分，以及「六至十年」的62.68分。

　　楊肯誠強調，越來越多國內企業在日常業務上與國際接軌，上班族在專業素養上也超越多數國家，然而缺乏職場禮儀卻常常成為對外接洽的一大敗筆，例如餐桌上用牙籤、開會講手機，這些不但會降低別人對自己的評價，更有可能因此喪失訂單與合作機會。

資料來源：《基督教論壇報》，第2525期，第4版，民國94年11月29-30日。

◯ 職場禮儀：34%上班族不格。

(一) 介紹時應注意的事項（介紹的順序）：

1. 男女碰面時，將男士介紹給女士認識，是一般原則。但下列各項是為例外。

2. 唯女士與年長或位尊者（如總統、主教、大使、參議員）相見時，則須將女士介紹給年長或位尊者，方屬合禮。

3. 將位低者介紹給位高者。

4. 將年少者介紹給年長者。

5. 將未婚者介紹給已婚者。

6. 將賓客介紹給主人。

7. 將個人介紹給團體。

(二) 握手時應注意的事項：

1. 與尊長握手，須等到尊長先作握手表示時，方才伸手致意。

2. 男女握手，須待女方先作握手表示時，方才伸手致意。

3. 握手時，如戴手套，男士應脫手套，女士則無須脫手套。

4. 握手時，宜向對方注目，不可旁顧。

⊃ 握手的禮儀。

肆、國際禮儀的重要性

《想入豪門，先學好禮儀！》、《國際禮儀123》

【你知道最近台灣社會最流行的話是什麼嗎？──「『偶』『素』上流社會的『倫』」（我是上流社會的人），想想茶花女都得改造她那一口滿腔土語，拜託「上流美」靠邊站，想當上流社會的人，請先來學學國際禮儀吧！】

最近，人人都笑說想躋入許純美的「上流社會」，學生也半開玩笑地對我說，渴望能夠「麻雀變鳳凰」，日後嫁入豪門；或是畢業後努力奮發，成為舉足輕重的人物，能躋身上流社會；我總是會請他們先檢視自己，是否懂得上得了檯面的國際禮儀？

如果，大家習慣在捷運上高談闊論、對著手機大聲說話；在公車、捷運上化妝，在餐桌上補口紅；隨時出口成「髒」，沒有「幹」字就無法成句子；在享用自助餐時，盤子裡不分冷熱食，還堆得滿滿一大盤；或是在電梯裡旁若無人的大聲談笑，甚至在公共廁所隔門聊天；那麼，很抱歉，我一定潑他們一頭冷水：「趁早死了這條心吧！」

這群活潑的六、七年級生，有很多習以為常的動作、舉止，因為平日太習慣，且沒人糾正他們，所以不覺得有啥不對，更不知道這是不合國際禮儀的事。

不過，這也不能全怪他們，在孩子的周遭，又有多少成年人會注意禮儀這檔事呢？電視上不是隨時充斥著開會不講理，只比大聲對罵的畫面嗎？而我們走在人行道上，偶爾被重撞後回頭看一下，不是還會被狠狠罵道：「看什麼看？撞一下有什麼關係？」

我到歐美旅遊時，耳邊常響起"Excuse Me"，然後滿面笑容的路人從身旁輕側身子而過，就讓我想到：「我們不是曾經自豪為禮儀之邦嗎？咱們台灣人可也是熱情、和善、有禮的泱泱大國民啊！」

如今，我們已加入WTO，在大家一心想讓台灣與國際接軌之際，除了加強國人的外語能力，對於國際文化的認知、國際禮儀的加強，應該也是刻不容緩的課題。

其實，生活禮儀的培養並沒有想像中的困難。

俗語說：「年少若天成，習慣成自然。」「麻雀變鳳凰」一片中的茱麗亞‧蘿伯茲，把握機會學習，改變自己的內涵和氣質；電影「窈窕淑女」的奧黛麗赫本，被一位語言學家將她由一位滿腔土話的賣花女，由內到外徹底改變成談吐優雅的上流社會女子。

這些例子告訴我們：禮儀與氣質，是可以培訓的！

只要在教育與環境的同步努力下，使「禮儀習慣成自然」，一旦內化成功，就會發展成個人特質並散發迷人的優雅魅力。屆時，不管是在國際商務或外交場合中，都會讓人留下深刻而美好的印象。

所以，我們就從現在開始，全民學好國際禮儀，小可提升個人素養、輕扣上流社會大門，大可提升國際形象、促進國際邦交，富而好禮的台灣社會指日可待。

本文摘自：賴美惠（北市婦女新知協會副理事長），〈想入豪門，先學禮儀！〉，《中國時報》，台北，民國93年2月10日，版D8。】

第二節

國際禮節在日常生活上的分類

┃ 壹、衣的禮節

男女衣著，關係個人之儀容，儀容之好壞，關係眾人之愛憎，故社會間之交際，赴國外之旅行，對於衣的禮節，不容忽視。我們認為服裝是一個人教養、性情與地位的表徵，也是一個國家文化、傳統及經濟的反映。一般來說，男士日常衣著宜穿較保守的款式，在公共場所不宜穿著大花格子或顏色太明亮的衣服。女士衣著花樣繁多，但式樣與顏色仍以剪裁合身、色彩大方為宜。總而言之，一切服裝均以整潔、悅目、合時、合身，且適合於環境及季節，配稱年齡與身分，始得稱為上乘之服裝。故奇裝異服，固非所取；而汙損舊破，更非所宜。

一、西方書籍記載穿衣三原則（T.O.P.原則）：

1. to be Typy（清潔）

typy作形容詞用，原義為「形態純正的」，在此我們用一般通俗的中文觀念，概括地解釋為「清潔」。

2. to be Occasional（合時）

「合時」即合乎季節、時令，夏季穿夏季的服裝，冬季穿冬季的服裝，在視覺上、感觀上讓人覺得合乎自然、時宜，無突兀之感。

3. to be Pleasant（愉悅）

「愉悅」一詞本身即包括「合身」與「悅目」兩個概念。以色彩學觀點視之，衣服的主色最好不要超過三個顏色。

二、西服與中裝合乎禮節的重要原則

1. 服裝宜整齊、清潔、大方，穿戴更須與其年齡、身分、地位相稱。

2. 日常生活穿便服，機關辦公穿較正式的服裝，運動時穿運動服，遊獵時穿獵裝。喜慶、宴會穿吉服，慶典、大禮穿禮服。弔唁、掃墓穿著肅穆之服；服喪時穿孝服，普通有以黑布一方誌哀者，多面有戚容。

3. 睡衣、拖鞋係屬寢具，只在私室用之，其他各處一概不能穿著。

⊃ 服裝要合乎禮節。

三、男士的服飾

(一)　西式服裝

1. 正式的禮服(Formal)

(1)　早禮服(Morning Coat or Cutaway)

早禮服為日間常用之禮服，自晨至夕，使用至廣。其穿著時機包括訪問拜訪、午餐會、茶會、園遊會、婚喪典禮、呈遞國書等，視各國風尚而定。我國向例，呈遞國書、參加典禮者，均須穿著早禮服，以示隆重。但自蔣總統經國先生執政以後，為求簡便，免用西方禮服，而改用深色西服或我國國服即可[43]。

(2)　大晚禮服(Swallow Tail , Tail Coat or White Tie)

大晚禮服為夕陽西下後所穿著之正式禮服，通稱為燕尾服(Swallow Tail or Tail Coat)。因為穿著此種服裝一定要使用「白色領結」，所以又稱為White Tie。

2. 半正式的禮服(Semiformal)

「半正式早禮服」又稱為Director's Suit。

3. 非正式的禮服(Informal)

此處所指的夜間宴會之「非正式禮服」即為「小晚禮服」(Smoking, Tuxedo, Black Tie, Dinner Jacket, Dinner Suit, Dinner Coat)，是現在國際上最通用的夜間宴會社交禮服，其款式是從燕尾服簡化而來。穿著小晚禮服一定要配戴「黑色領結」，所以小晚禮服亦稱Black Tie。

43.　同上註，頁93。

4. **便服(Don't Dress，Dark Suit, Business Suit or Lounge Suit)**

　　西方所稱之「便服」即為「西服」，也就是一般所謂的「西裝」。外交部的請柬上之服裝規定欄以往採用「便服」之字樣者，現在均改為「西服」字樣。就是為避免受邀者穿著休閒服來赴宴，造成主客間彼此尷尬的局面。若真的要參加運動、休閒活動，所要穿的服裝叫作「休閒服」，英文是Casual Wear。

　　須知所謂「上流社會」並不是因為你有錢就可晉身上流社會，而是講求你的文化氣息要與你的良好經濟條件相符，能夠超越普羅大眾的水準，表現出你清新優雅、不流於俗的特有氣質，這才夠稱得上是「上流社會」，此又與「標新立異」不同。

潮流　　　　　上流

⊃ 標新立異的服飾不等於上流社會的儀容。

西服最正式的穿著是「三件頭式」（其西裝上衣、背心和褲子都必須用同一面料裁製而成）穿著。重要場合的西服最好是穿著深色保守式樣者為佳。單排兩粒扣西服，只扣上面一粒，下面一粒不扣。在正常狀態下，西服的鈕扣一定要按規定扣。在重要場合，著西服之被介紹者，一定要扣好鈕扣並向來賓答禮；面對大庭廣眾時，也一定要按規定扣鈕扣。平時在輕鬆狀態下，可扣可不扣。單排三粒扣西服，只扣中間一粒，其餘狀況與上述相同。雙排扣西服，坐下來時可隨意扣與不扣，但站立時，一定要扣上全部的鈕扣。西裝背心最下面的一粒鈕扣是不扣的。正式場合應穿著白色、乳白色、淺藍色之素面襯衫。領帶宜配戴形式保守的領帶，如素色領帶、斜條紋領帶。領帶下緣與腰帶切齊。注意！不可隨意結黑色領帶，根據西方禮節只有參加喪禮，或守喪期間至禮拜堂做禮拜才可結黑色領帶。

(二) 中式服裝

1. 國服

　　在我國一些堅守傳統禮俗的人士，每於重大典禮中喜愛穿著國服示人。國服常久以來被視為禮服，其樣式為籃色長袍，外罩黑色短掛。一般習慣，多著西褲，穿黑色絲襪，黑色皮鞋，並戴黑色呢帽。此乃中西合璧之服裝，任何正式會議、慶典、酒會、宴會均可穿著。

2. 中山裝

　　在民國初年或對日抗戰期間，國人亦視「中山裝」為國服，其深色者常當做禮服使用，但目前在台灣地區並不流行。

四、女士參加晚宴的服裝

1. 穿著西式長裙（裙擺長及膝下或及於足踝）。也可穿著本國傳統服裝，對我國而言，旗袍不失為美麗大方的服裝，但注意開衩不可過高，恐有失端莊。女士所參加的宴會，除非是Formal的場合要戴長手套，其他的場合，戴短手套即可。

2. 穿二吋至二吋半包頭高跟鞋，任何顏色均可，但要與所穿的服裝顏色相配。

3. 天寒赴宴，在室內著長裙時，絕對不可外穿毛線衣，要使用批肩。

4. 宴會時不戴帽子或面紗，尤其是女主人。

5. 在西方，女人化妝赴宴是禮貌的表示，而且是要濃妝。

五、女士上班工作的服裝

1. 簡便、舒適利於工作。

2. 服裝的材質要樸實，剪裁力求簡單。

3. 要著裙裝，裙長及膝，方便工作。上衣衣襟不可過低，要嫻淑、端莊。

4. 衣服顏色力求素雅、大方。

5. 穿著絲襪，穿包頭平跟、或略有跟之鞋，絕不可穿拖鞋、涼鞋上班。

6. 要化妝，採淡妝為宜。

六、實際案例解析

採訪被請出門，因為牛仔褲

　　不久前在網上看到一則消息，美國ABC電視記者芭芭拉在國會記者室遭安全人員遞解出室，原因是「你頭上的絲巾太炫了」，因為上國會採訪是有這一條規定：穿著不可太招搖。行家看門道，想也知道這位大姊是得罪了某議員，才遭此遭離待遇。ABC也不甘示弱，消息立即曝光，然後是全國譁然，一片撻伐。三月廿日，筆者在匈牙利的布達佩斯就遇上了，也親炙了芭芭拉的滋味。

　　事情是這樣的：呂秀蓮三月廿日到布達佩斯參加國際自由聯盟五十一屆年會，此「聯鷗專案」屬極機密行為，筆者得知消息時，正在柏林採訪漢諾威電腦展，匆匆辦理簽證，與呂秀蓮同一時間入境匈牙利。下機後先去代表處，職員交給筆者一個信封，內有行程及冷若水代表的晚宴請帖。七時整筆者準時出現，希望能與代表團碰面聊聊。會場不大，四到五個小圓桌，進來時只見客人三三兩兩站著Cocktail。五、六分鐘後，突然看到新聞局的曾組長向我招手，示意我隨他出去。曾組長是倫敦舊識，見面自是喜悅，隨他到了走廊，組長突然有點尷尬的說：「……大使覺得你今天這樣穿不妥，牛仔褲不好，是不是可以請你……」

　　「什麼意思？」剛開始我還聽不懂。

　　「你是說叫我滾蛋？……」終於懂了!!

　　於是我穿著牛仔褲的腿，悄悄的離開了飯店。千山萬水從馬其頓到柏林、再到布達佩斯，一路下來採訪都穿的牛仔褲，在冷大使的眼裡，是「不准進入」。

　　離開時，看到冷大使直立立的杵在門口，看著我離去，等著恭迎我們的副總統。在與中共較勁、讓呂秀蓮入境的大功勞裡，是不需要失去人性Tender的一面。牛仔褲何辜？

資料來源：張桂越（台通社負責人），《中國時報》，第15版，民國九十一年三月二十三日。

此事是作者刊載在「讀者投書欄」，即表示此事是可受公評的事件，在此我們純就事理討論，非關作者（張桂越）個人譭譽。討論如下：

1. 自由民主國家的新聞記者常被冠以「無冕王」的尊榮，在一般情況下，若新聞記者行為稍有差池，行政官員為求良好的互動關係，均不會刻意嚴格執行會場規範。

2. 外交部所發的重要宴會邀請函均會有「服裝規定欄」之記載。

3. 牛仔褲是否為正式服裝？牛仔褲是否為便服？

貳、食的禮節

一、設宴目的

設宴的目的無論是為招待外賓、為犒賞將士、為婚嫁喜慶、或為社交酬酢，我們都希望運用得宜，達到宴客的目的。否則禮貌不週、時間匆促、或品類雜陳、菜餚異味，都可能招致賓主失歡，後果堪虞。所以策劃宴會一事，宜慎之於始。

二、如何做一個成功的主人與客人

(一) 如何做一個成功的主人

為拉近彼此間的友誼，以宴客的方式交朋友，是各種交際手段中最簡便而快速的方式。如何做一個成功的主人？主人接待客人要投其所好，仍嫌不夠，還應注意下列事項：

⟳ 策劃宴會要謹慎合禮。

1. 賓客名單

陪客的地位不能高於主賓，否則會造成喧賓奪主的反效果，令與會者不知誰是主賓？誰是陪客？

2. 賓客關係

注意主賓與陪客，或陪客與陪客之間的關係是否融洽。

3. 陪客安排

所要安排的陪客，應考慮其社交及外語能力。

4. 宴客名單

安排宴客名單，或到場人數，不要將十三個人安排在一桌上共同進餐。因為，西方人忌諱「十三」這個數字。

5. 宴客時間

宴客的時間不要選在星期六、星期日及長假的期間內。因為，西方人重視自我的休閒生活，在上述時間其要與家人共處，或度假休閒。若選擇這些時段宴會，會降低受邀者的參與感，致使宴會參加人數過少。

6. 宴客通知

通知宴客的時間，最好在兩個星期前送達。

7. 宴會地點

西方人認為以自己家為宴會地點是最高尚、最親切且經濟實惠。倘若使用其他地點，如市上餐廳，應注意清潔雅緻，出入方便為宜。至於國內宴客，一般寓所（例如在台北市，房子面積多較窄小）多缺乏適當的條件，所以宴客地點常為公共場所。選擇中餐方式在家招待賓客，就要考慮到中餐先天的缺陷。由於中餐大多要趁熱吃，才能保留其最佳風味，致使女主人常要到廚房注意菜餚。女主人在餐桌與廚房間來回走動，令西洋賓客覺得不安（西方人認為在宴會中女主人地位是最高的），破壞用餐的寧靜與安詳的談話氣氛，則大為失禮。在此，對於菜餚的選擇上，就要準備已經是熟食且易於加熱的菜餚。

8. 邀請方式

若是外交官員，但非駐外使領館之館長，則邀請卡之卡紙要自己準備，卡紙要厚。若是館長可用外交部印有國徽之卡紙，空白部分要用書寫字體親自填寫。

(1) 若對方已口頭表示答應參加宴會時，則在邀請卡之左上角寫to remind字樣，是表示「提醒對方參加宴會」的意思。

(2) 若宴客人數不多時，在請帖之左下角寫R.S.V.P. (Répondezs'il vous plaît)字樣，下一行則寫自己的電話號碼。是向邀請者表示：「是否要參加此宴會，請打電話通知我。」

(3) 若宴客人數多時，請帖可用排版印刷，但要用書寫字體印製，在請帖之左下角可寫Regrets Only字樣，下一行則寫自己的電話號碼。向邀請者表示：「若不參加此宴會，請打電話通知我。」

(4) 請帖右下角寫宴會的服裝規定，及請客的目的為何，可用打字字條黏貼。

9. 菜單選擇

菜單的選擇，應注意賓客的飲食習慣與好惡，以及宗教信仰與禁忌。

(1) 賓客的飲食習慣與好惡

西洋人排斥吃動物的內臟。非洲黑人厭惡吃豬肉及淡水魚類。中國人喜歡吃的菜，但外國人卻不喜歡吃的有：鳳爪、皮蛋、海參、紅燒魚翅、油淋乳鴿。

(2) 賓客的宗教信仰與禁忌

① 佛教徒素食、戒酒

② 印度教徒不吃牛肉

③ 猶太教徒禁忌
不吃豬肉、貝殼類海鮮。母牛與家禽要經過猶太教宗教的儀式活殺，才可食用。牛奶與牛肉不可同食；雞蛋與雞肉不可同食。

④ 回教徒禁忌
不吃豬肉，不吃用豬油炒過的菜，不吃用豬油焙乾的豆沙；不吃沒有鱗片的海魚、與淡水養殖的甲魚、螃蟹；不喝酒。

⑤ 摩門教徒
不飲酒、不飲茶、不飲咖啡、甚至不吸香菸。

(二) 如何做一個成功的客人

當我們收到一張請帖後應注意下列事項：

1. 規定字樣

注意請帖上是否有R.S.V.P.及衣著服裝的規定。

2. 到達時間

不要早到，以免造成主人的不方便，客人一般最適當的赴宴時間是在約定時間後的三至五分鐘到達。

3. 散席時間

當主賓應把握「宴會解散」的時間，若主賓把宴會時間拖太長，會遭致陪客的抱怨。根據目前的「外交禮節」，散席係有待主賓提出，方合規矩。但往往主賓過分興奮，忘其所以，故禮賓人員應審情度勢，從旁提示主人與主賓，取得雙方之諒解，提出愉快之散席。

4. 宴會進行的流程與時間配置

(1) 飯前酒：在宴會開席前三十分鐘。

在飯前酒階段，男士要替女伴（或太太）做一些取飲料或食物等的服務工作。女士不可到服務檯自取飲料及食物（這種行為會讓人感覺粗鄙而無禮），可要求服務生為你服務，或要求你的隨行男伴服務，或要求最靠近檯子的男士（不管認識或不認識）為你服務。男士也應以此服務為榮。

(2) 席中酒：在宴席開始時起算，約一小時。

(3) 飯後酒：在宴席結束後起算，約一小時。

5. **賓客上桌次序**

(1) 男主人帶女主賓上桌入座後；其次，才由女主人帶男主賓上桌入座；最後，陪客才自行上桌就座。

(2) 男客要為坐在其右邊的女客拉椅子、推椅子幫忙她入座。女士的皮包可掛在椅背上。

(3) 等女主人坐下後，男賓客才能坐下。

6. **餐巾**

　　所有賓客坐下後，不要急於拿餐巾，要等女主人拿餐巾後，才取之。餐巾展開後平鋪在大腿上。餐巾只用來擦嘴巴，而且只能用它的四個角來擦，此時不可用自己的手帕擦嘴巴。注意！不能用餐巾擦臉、頭與頸部的汗水，只能用自己的手帕擦。不要用餐巾或手帕擦拭餐具，這種動作會讓主人直覺到你懷疑他的餐具不乾淨，而使宴會場面非常尷尬。

　　餐巾不小心掉到地上，不要自己撿起來，亦不要叫服務生撿起，可要求服務生再拿一條餐巾來使用。用餐中途要上洗手間。可將餐巾折成長條狀，掛在椅背上，回座再使用。用餐完畢後，不必把餐巾折回原狀，概略折一下放在桌上即可。

7. **用餐順序**

　　西餐一開始先上湯，上湯後才吃麵包，用左手抓擺在桌子左邊的麵包（用西餐時，麵包、奶油放在桌子左邊；飲料擺在右邊），用右手撕成小片放在口中，不能整塊啃食。按照西方的規矩，要等到上甜點後，服務生才能將麵包收走。這規矩，在國內西餐廳的服務生都未遵行。

8. 進餐禮儀

(1) 西餐喝湯時，用湯匙舀湯的動作，由飲者內側向外側翻，盛七分滿，以湯匙就口。若湯碗尚有一些湯，想喝完，則用左手將碗向桌心傾斜，用湯匙舀湯，喝完它。喝完湯把湯匙橫擺在靠自己一邊的托盤上。用餐、喝湯時感覺食物過燙，不能用口吹，也不可發出聲音。

(2) 雞腿可以用手取食，但最好不要用如此吃法，因為吃相很狼狽。若遇到吃食複雜的菜，大可不吃，以維持形象。如何使用刀叉吃雞腿。

(3) 在侍者將大餐盤中的食物分配到自己面前，應先考慮自己的嗜食的食物與食量，輕聲告訴侍者，已入自己盤內的食物，不可再放回大餐盤中。

(4) 不在自己面前的食物、調味品或食具，可請臨近的賓客傳遞或請侍者送遞，切不可越過旁人的席位，伸長手去取。

(5) 若整條魚在你餐盤中，首先用刀把魚頭切除，魚身部分用刀以水平方式沿著魚骨平切，再用刀把魚肉切成小塊，以叉就口食之。魚骨上面整片魚肉吃完後，不能翻魚，用刀叉把魚骨取出，繼續吃魚骨下面之肉。

(6) 喝咖啡或茶時，不能將小湯匙放在杯內，也不能用小湯匙舀咖啡或茶來喝，小湯匙是用來攪拌糖或奶精用的。喝完後，將小湯匙平擺在靠自己一方的小碟上。

(7) 吃蘋果應先分為四瓣，去皮、去核後食用。柑橘類食畢，所剩的果皮置於盤內，有核者應審慎吐置盤內。香蕉應橫放在盤中，用刀從頭到尾輕劃一下，把皮與果肉分離，用叉切段食之。吃葡萄應連皮帶肉與籽一同咀嚼吃下，不可吐皮與籽在盤子上。

(8) 在平時或食時，絕對不能打呃，不能打呵欠現疲憊之色。咳嗽時期要以巾遮口。看手錶時間不能在人前行之。

9. 食器使用

(1) 用牙籤剔牙，不可當別人面使用。

(2) 若干種型的刀叉並列在桌上，在換食時，其使用次序是自外向內使用。

(3) 在進食時，不能拿著刀叉在手中舞弄。

(4) 雖刀叉俱備，但某些菜可以只用叉切斷者，就可不必用刀。

(5) 每一盤菜尚未食用終了，可將叉、刀左右斜擺在盤子兩邊；每一盤菜食用終了，將刀叉平行擺放在盤內。

(6) 餐桌右上角之水杯，內盛清水飾以檸檬片或玫瑰花瓣，此用來沾水擦手之用，而非以此解渴飲用。

　　西餐是西方人生活的一部分，對他們而言，操作西餐餐具是極為自然的動作。但對東方人來說，有些食物的吃法，在沒有把握的情況下，先看男、女主人或鄰座如何取食，才動手進食，可免貽笑大方。又有些吃法極為複雜的食物，在考慮自己使用餐具的純熟度後，若沒把握，我們寧可選擇不去食用它，以免窘態畢露。

三、排座原則

　　邀請客人的原則，一般而言，主人是夫婦雙人，則邀請客人亦是雙人，以合乎陰陽調和的原則。主人若是單人，則邀請客人，亦是單人。

　　排座一般根據下列原則：1. 依據當地的習慣；2. 年紀；3. 職位。

(一) 重要原則

1. 尊右原則

(1) 男女主人比肩而坐

　　　　此時，賓客夫婦亦宜比肩而坐，座次為男左女右，尊女性於右席，而男士居其左（請參閱：圖2-1，中式圓桌排法之一；圖

2-2，中式圓桌排法之二）；男女主人如各據一桌，則女主人居右桌為首席，男主人居左桌次之（請參閱：圖2-3，西式兩圓桌排法之一；圖2-4，西式兩圓桌排法之二；圖2-5，中式兩圓桌排法之一；圖2-6，中式兩圓桌排法之二）。

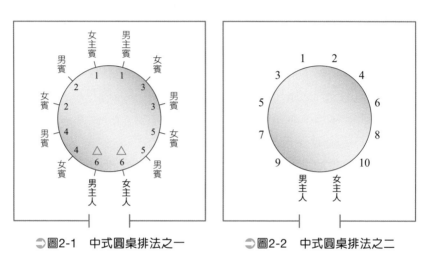

◗圖2-1　中式圓桌排法之一　　　　◗圖2-2　中式圓桌排法之二

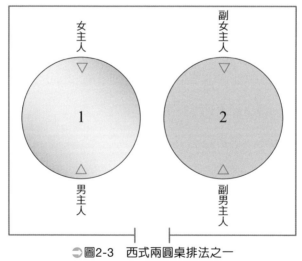

◗圖2-3　西式兩圓桌排法之一

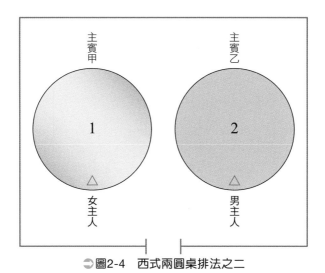

🔂 圖2-4 西式兩圓桌排法之二

🔂 圖2-5 中式兩圓桌排法之一

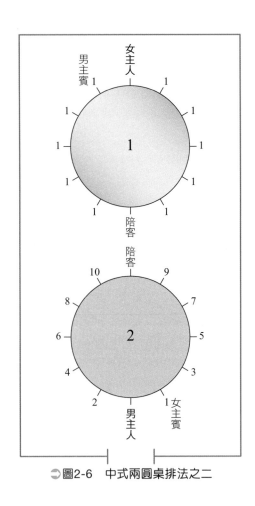

🔵圖2-6　中式兩圓桌排法之二

(2) 男女主人一桌對坐

　　此時，女主人之右為首席，男主人之右為第二席，女主人之
左為第三席，男主人之左為第四席。依序而分席次高下（請參
閱：圖2-7，中式圓桌男女主人一桌對坐；圖2-8，西式長桌男女
主人一桌對坐；圖2-9，法式長桌男女主人一桌對坐）。

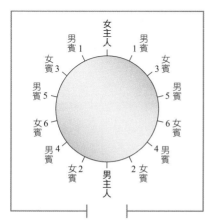

⤵圖2-7　中式圓桌男女主人一桌對坐

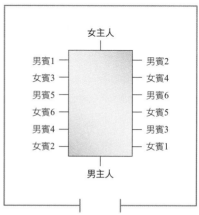

⤵圖2-8　西式長桌男女主人一桌對坐

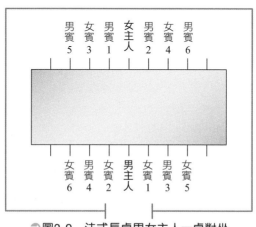

⤵圖2-9　法式長桌男女主人一桌對坐

(3) 男主人或女主人據中央之席，朝門而坐

此時，其右方桌子為尊，左方桌子次之；其右手旁之客人為尊，左手旁之客人次之（請參閱：圖2-10，三桌排列次序之一；圖2-11，三桌排列次序之二；圖2-12，三桌排列次序之三）。

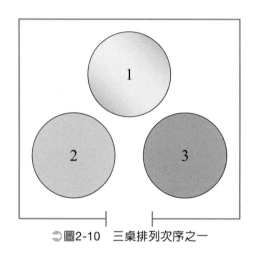

⊃圖2-10 三桌排列次序之一

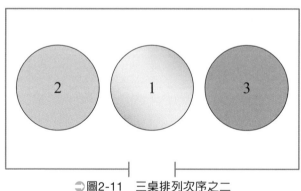

⊃圖2-11 三桌排列次序之二

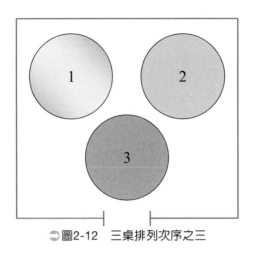

🔾圖2-12　三桌排列次序之三

(4) 單人賓客的排列

　　（請參閱：圖2-13，單人賓客排列之一，圖2-14，單人賓客排列之二）

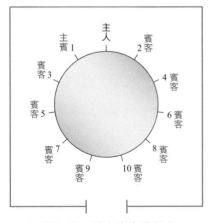

🔾圖2-13　單人賓客排列之一

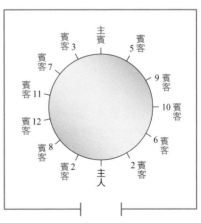

🔾圖2-14　單人賓客排列之二

2. 三P原則

(1) 賓客地位(Position)

賓客座次宜優先考慮其地位,即位高者坐首席,依序定位,不得僭越。而女賓席次則依丈夫地位而定。

(2) 政治情勢(Political Situation)

政治情勢有時改變了賓客地位。例如我國現制,內閣中之各部會首長,以內政部長居首位。但當行政院長歡宴外國總理或外交部長時,此時我國外交部長之席位高於內政部長;而此時禮賓司長的席次,亦高於同級之其他司之司長。

(3)人事關係(Personal Relationship)

人事關係有時亦在考慮之列,因為主客之間的談話,語言的溝通,交情的背景,乃至於私人的恩怨,排位之時都應多方顧及。為造成良好的宴會效果,更應該避免「一人向隅,滿座不歡」的情形發生。

3. 分坐原則

為造成良好的宴會效果,分坐原則亦極為重要,其原則有三:

(1) 男女分坐

男賓女賓比肩而坐,易於彼此照料,亦可收陰陽調和之效。惟男女之中有夫婦者,故又須注意夫婦分坐。

(2) 夫婦分坐

惟夫婦之中有中外賓客者,故又須注意華洋分坐。

(3) 華洋分坐

或稱為「華洋雜坐」,主要在於調和中外賓客的交際效果。

至於中國方式的席次安排，仍須使用「尊右原則」和「三P原則」，而「分坐原則」中之「男女分坐」與「華洋分坐」依然相同，只有「夫婦分坐」變作「夫婦比肩而坐」。其席次由上而下、自右而左，男女主人同居末席（請參閱：圖2-15）。

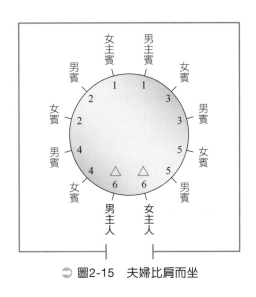

⊃ 圖2-15　夫婦比肩而坐

(二) 補充原則

1. 席次之遠近

　　以男女主人為中心，賓客距離男女主人越近之座位，為越尊之座位。但為尊重女賓，切忌排於末座，尤以長桌之席次為然。

2. 賓主之人數

　　如男女人數相等，每桌以六人、十人、或十四人最為理想。如此可使男女賓客夾坐，亦可使男女主人對坐。如每桌為八人或十二人時（每桌人數不要有四的倍數），若男女主人對坐，則必有賓客兩男兩

女並坐，或男賓與男賓、女賓與女賓對坐之情形發生。假使按照中式排位，夫婦並坐，則男女夾坐便無上述缺點。至於西洋人多忌十三之數，尤應注意不要安排在一桌之上。

四、酒類的準備

1. 一般西方人對酒的分類

(1) 烈酒(Spirits)

此類烈酒包括Whiskey, Gin, Rum, Vodka。以及中國之高粱酒。

(2) 灣酒(Wine)

「烈酒」之名係以意譯，「灣酒」則為音譯，酒類有Burgundy, Château, Villemaurine, Shao-hsing Wine, Rosa。

(3) 白蘭地(Brandy)

Cognac, X.O., Taiwan Brandy。

(4) 甜酒(Liqueurs and Dessert Wines)

此為飯後酒，例如：Cherry Brandy, Drambuie, Crème de Menthe, Bénédictine D.O.M., 及中國的五加皮酒。

(5) 香檳酒(Champagne)

法國所產的香檳酒，世界聞名。名牌有：Moet et Chandon, Brut Impérial。

(6) 啤酒(Beer)

台灣啤酒與德國啤酒俱名聞寰宇。美國餐館常出售的各種啤酒有：Taiwan Beer, Heineken, Sapporo, Miller, Budweiser。

(7) 雞尾酒(Cocktail)

為酒類之混合飲料，如：Gin and Tonic, Whiskey Sour。

2. 一般西餐宴會酒類

(1) 飯前酒(Aperitif，apéritif)

「飯前酒」俗稱「開胃酒」，又稱「雞尾酒」(Cocktail)。係指用餐以前所飲之酒。一般常用者，計有威士忌酸酒(Whiskey Sour)、馬丁尼(Martini)、雪萊酒(Sherry-Sweet or Dry)、甄湯力克(Gin and Tonic)、Campari、Bloody Mary、Manhattan、Screwdriver種類繁多，而名稱亦怪。在台北更有人使用啤酒、果汁、汽水等類飲料待客。

此外冷飲中，受人歡迎者，有用果汁配酒類之各種「潘趣酒」(Punch)，以北歐與德國最為普遍。

飯前酒約於宴會前半小時進行，並備小食佐酒。飯前酒的作用是使應邀賓客可藉此機會多作交談。注意！飯前酒不能帶上餐桌飲用。

(2) 席上酒(Table Wine)

飯前酒過後，即入席開宴。宴會進行時所用之酒，謂之「席上酒」，或稱「佐餐酒」。此種酒與飯前之開胃酒不同，西方人均通稱為Wine即葡萄酒。西方人吃飯時有僅用一種酒，亦有使用兩者以上的酒。全體賓客所進之席上酒均屬相同。常用之席上酒有「白葡萄酒」、「紅葡萄酒」及「香檳酒」，進酒的次序為白酒在前，紅酒在後；清酒在前，甜酒在後；淡酒在前，濃酒在後。

上海鮮、魚、蝦時，應進白酒。白酒應保持在攝氏十度左右，酒精成分在十至十四度間，一般均須連瓶事先冰涼（這些條件是要維持白酒的最佳風味）。飲白酒時，不要在酒中加冰塊。

上肉品食物時，則進紅酒。紅酒應保持與室溫相當（約攝氏二十四、二十五度左右），酒精濃度約在十至十四度間。紅酒開瓶後，應保留六至十分鐘的醒酒時間，再到入賓客酒杯飲用（此為保持紅酒的最佳風味）。

在有些不太考究的宴席上，若以一種酒做為席上酒，可採用玫瑰紅酒(Rosé)代替白酒與紅酒，因其酒性別介於白酒與紅酒之間。

上點心、水果或甜點時則進香檳酒。香檳酒應預先放置在冰桶內。因開瓶方法特殊，宜請有經驗之侍者開啟，注意開啟時間不可過早。香檳酒溫度應保持在攝氏八到十度之間，酒精濃度在十到十四度之間。侍者倒酒或添酒應由客人右側倒酒，酒瓶底部應以餐巾包裹，酒牌對著客人，以酒瓶就杯，倒酒入杯約七或八分滿。

正式的晚宴，以外交部為例，若以西餐招待賓客，則以洋酒做為席上酒；若以中餐宴客，則以中國酒做為席上酒。常用之中餐席上酒為國產之紹興酒或花雕酒。

(3) 飯後酒(Digestif)

正式宴會完畢後，賓客由餐廳轉赴客廳進咖啡和茶時，即可同時進「飯後酒」。但外交部之宴會，多在席上進飯後酒。由侍者將酒類與酒杯放置於方盤或推車上，推送至賓客面前，問明其所喜愛之酒類，然後斟奉之。普通常用之飯後酒有：白蘭地及其他水果類之Apricot Brandy、Cherry Brandy、，強烈酒精與香料配合之甜酒（各種Liqueur），薄荷酒(Peppermint)、紫、白、綠各色醋薄酒精(Crème de Menthe Ruby, White and Green)、丹姆酒(Bénédictine)、柯因脫(Cointreau)、Dubonnet、Drambuie、Grand Marnier等。

飯後酒的特色在於它的香、甜。飯後酒切忌斟滿，以白蘭地為例，四分之一或五分之一即可。西方習俗以手心捧杯，由手掌的熱力使白蘭地溫暖，香氣溢於整個大腹酒杯中。

外交部為配合中餐，餐後常使用的飯後酒有五加皮、大麴、高粱酒。

五、餐桌布置的原則

1. 桌布要清潔。

2. 餐具要乾淨。

3. 一定要準備蠟燭台、蠟燭和鮮花。

4. 鮮花採較低的裝置擺設，不要擋住桌子對方用餐者的視線，以免影響
   彼此交談、溝通的熱絡氣氛。

六、華人與西方人宴客不同之處

1. 西方人在餐飲上重質不重量，華人則重量而不重質。

2. 東西方宴會禮節不同，西方人宴會講究衣著，視為對主人的一種禮貌
   與尊重的表示。華人則不然，常在穿著上，表現得非常不得體。

3. 西方人在宴會時講究排座位，且事先排座位，使主人與賓客以及賓客
   之間能夠行止得宜。華人則不然，熱鬧有餘，禮法無度，場面嘈雜混
   亂。

4. 西方人宴會講究現場的氣氛。

5. 西方人宴會在酒類的準備上非常充分，除在分類上要準備飯前酒、席
   上酒、飯後酒外，而且在數量上準備亦要求充分。華人在宴會上有關
   酒的準備，往往是數量足夠，但酒的分類上不似西方人細緻。

第三節

國際商務人員應具備的國際禮儀

壹、國際商務人員的儀表舉止

　　商務人員通常要與各種不同國籍、民族的人打交道，而一個人的儀表舉止往往能反映出他的修養、風度，在與人的交往過程中，如果注意自己的服飾、舉止和日常的禮貌，無論與何人進行商務洽談與合作，都會給人留下一個良好的印象，從而有利於雙方的進一步合作與交流。所以，商務人員在商務活動中一定要從儀表、舉止做起，爭取給對方一個良好的印象。

一、服飾

　　服飾與民族習慣、性別、年齡有極大的關係。在商務交往與談判中，服飾的顏色、式樣，對談判者的情緒會產生一定的影響。比如，在商務談判的場合，選擇灰色或者褐色甚至黑色的服裝，會給人一種堅實、端莊、嚴肅的感覺。

　　從服飾的式樣來看，在西方國家的國際活動場合，服飾大致可分為便服與禮服。一般來講，在較正式、隆重、嚴肅的場合多著深色禮服，而在一般場合可著便服。在商務談判中，西裝已是被普遍認可的服裝，女性則可著西裝套裙。

西裝分為簡易西裝和精緻西裝兩類。精緻的西裝，在穿著時有嚴格的式制：其上衣、背心和褲子（即三件頭）必須用同一面料裁製，穿時不可捲袖或翻袖；同時應穿皮鞋。西裝以襯衫為內衣，並佩帶領帶或領結。襯衫領的高度比西裝領高出1.5—2公分。西裝的領、襟是整體造型的核心，也是表現風格的關鍵所在，所以配用的襯衫領尖的長短，以及領帶的寬窄一定要與西裝褲頭的寬窄相適應。穿著時，襯衫一定要束在褲腰裡。西裝鈕扣除了實用外，還具有裝飾的作用，其扣法大有講究。雙排扣西裝的扣法比較簡單，不管何種場合，都要把鈕扣全部扣上。雙排六粒扣西裝最上面的兩粒是樣扣。單排扣西裝，以最普遍的兩粒扣來說，第二粒叫樣扣，一般只扣一粒，也可以全部不扣顯示自由、輕便的風格。如果是單排三粒扣，那麼，第一和第三粒是樣扣，只能扣中間一粒或都不扣。單排一粒隨便你扣不扣。西裝的口袋，以標準的「三件頭」式計算，合起來大約有14個。這些口袋各有各的用處，但整體來說，每個口袋都不能裝得鼓鼓囊囊的。

　　一般來說，商務活動特別是商務談判在國外只分兩季：春秋季和夏季。其服裝即為春秋裝（冬天時在談判間亦是春秋式著裝）和夏裝。在我國，大體上也是分春秋和夏裝。

　　春秋裝男裝，一般有西裝、兩用夾克和夾克衫。大型的商務活動、高層小範圍的談判、以及最終決戰性的談判，以著西裝為佳。著西服時，襯衣、領帶與西服的反差可以明顯一些。典型的反差式配裝有：一色的黑色西服，配深藍色或深色底淺斜條領帶、白襯衣、西服左上口袋插白色折絹。如果是年輕人，最好不要在商務談判中穿夾克衫，這樣更會給對方留下資歷淺的感覺。講話時，可能就不尊重你。而年歲大的人穿夾克衫反而效果會好一些，顯得有朝氣而且會給對方留下和藹可親之感。穿夾克衫時，褲子的尺寸要適宜，太緊了不好。

春秋裝女裝，一般有西服、毛衣外套、兩用衫、短、長風衣、西服套裙等。由於女性經商，討價還價為傳統習慣所排斥或輕視，因此，如何顯示女性的自信、自尊很重要。從樣式來看，正式的場合特別是談判，以西服或西服套裙為佳。一般性商務會談時，著兩用衫、毛衣外套也可以。花色上，一般可明亮一些。淺色、多花紋均可，但有一點應視為「忌諱」，即不應穿過分鮮豔和花俏的衣服。適當的化妝與飾物的佩戴也未嘗不可，但不要太耀眼。如輕描眉、淺抹紅、僅著細暗項鍊或戒指。不戴耳墜，或不佩飾物，在衣裙上戴胸花等。

　　有關夏季男裝，由於夏天天氣比較熱，男裝多為襯衫（長短袖）、長褲或單西服。隆重場合，宜著單西服、打領帶、著長袖襯衫。其顏色以淺色、單色、淺花格為主。套頭T恤衫、穿短西褲，在正式談判中不適合。過鮮的顏色，如寶藍、淺綠、大黃不適合。

　　夏季女裝，長、短袖襯衣配裙子或褲子，連衣裙、西服、西服套裙。平時會談可著襯衣配裙子或連衣裙。隆重場合著西服或西服套裙。過緊的衣褲，袒胸露腿的裙裝，T恤衫配牛仔褲的裝束，均不宜於談判場合。穿裙裝，襪子的搭配一定要合適。黑色襪子與淺灰、淺黃、淺藍、粉紅的裙子配搭，極不順眼。飾物配戴不可過多、化妝也不宜過於濃豔。

　　女性商務人員特別要注意的是，服裝的修飾很重要。得體的裝飾會給人一種淡雅、整潔、大方之感，從而提高對手的尊重；反之，過分的鮮豔花俏的裝扮，會給人有輕浮、不莊重的感覺，故難以得到對方的尊敬，甚至會使對方討厭。

　　原則上講，無論是男性還是職業婦女，任何服裝都應該注意整潔、挺直。衣服應熨燙平整，褲子應熨出褲線，衣領、袖口要乾淨，皮鞋要上油擦亮，頭髮要洗淨吹理得體。男士應常刮鬍子。服裝與儀表要協調。香水不一定噴灑，女士可適當擦點香脂，微量噴灑點香水，但不宜過濃。過濃易於刺人鼻息，會影響思想交流和談判的配合。

一般而言，好的服裝及配飾，應與性別、年齡、職業、場合、地位相符。男性的髮型、鞋子、鬍鬚都會影響整體造型。如蓬頭散髮、髒鞋、滿臉鬍鬚，都會破壞光鮮亮麗的外觀。而個人不良的衛生習慣（如身上的汗味、髒長的指甲、口臭），又令原先得體的服飾、優雅的髮型、閃亮的皮鞋，光滑的下巴失去光彩，破壞整體的美感。

二、舉止

　　商務人員的「舉止」是指在商務交往活動中的坐姿、站姿與行姿，所持的姿態以及給人的感覺。在商務交往中，對舉止的整體要求是：「舉止適度」。所謂「適度」就是指站、坐、行等姿態，既充滿了自信，又不孤傲無禮，使人感到平易親切而又不敢狎褻；既熱情友好，又不低三下四、曲意逢迎；對有利於己方的時機和事物，既不喜形於色、樂不可支；面對不利於自己的事情和時機，又不垂頭喪氣，甘於屈服。舉止動作既落落大方、揮灑自如，又不粗鄙放肆、違反規矩。總之，商務人員的舉止，隨時要注意符合自己當時所處的環境氣氛。

(一) 立姿

　　商務人員的站立姿勢，可以表現出不同的情緒和心理。它可以傳達信心、興趣、失望、疲憊、冷漠、熱情等信息。好的商務人員應該正確運用站立時所表現的思想和語言，也應該認真觀察和分析對方站立所表現的意思。

　　正確的站立姿勢應該是：兩腳腳跟著地，兩腳成四十五度，腰背挺直，自然挺胸，脖頸伸直，頷微向下，兩臂自然下垂。

　　在商務談判中，不同的站姿會給人不同的感覺。例如，一腳朝前，雙手抱肩，頭微低，目光投注在對方眼睛下方，神色嚴肅。這樣的站姿與對方談話，會使對方感到話題的嚴肅，此時我方態度的轉機、神情賦予對方信賴的感覺，可激起對方的談判熱情。雙腿併攏，雙手合前，腿

微彎，目光對著對方眼睛，頭微低，這種姿態，表達己方謙恭有禮、有聽取對方意見願望，既吸引對方對自己的意見感興趣，又鼓勵對方把觀點或條件說出來。以稍息的姿勢站立著，雙手放在背後，頭側著平視對方，雖面帶微笑，但眼神不隨對方話題變化，可以看出此人對自己所談項目不感興趣，其溝通效果就不會太好。

(二) 坐姿

一般來說，應該從椅子的左邊入座，或先站立在椅子的左邊再入座，是坐椅子的禮貌。坐下後，身體應盡量坐端正，不要把整個椅面都坐全，雙腿要平行放好，腿伸向前方或縮到椅子底下，都會使對方反感。坐在椅子上轉動或不時移動椅子的位置，是違反正常禮儀的表現。

在商務交往中，不同的坐姿可以傳遞不同的信息與感情。比如說，對方雙手放在桌上，挺腰近檯而坐，正反映對方對議題的關注、興趣、積極性，說明雙方合作有成功的願望。一手撐頭，一手握筆，反映對方不專注議題，或根本不考慮你所表達的意見，此時應設法刺激對方或引導對方的觀念，進入我方的主題中。雙手放在翹起的腿上，是一種等待、試探的表示。對方坐在沙發上，背靠著沙發時，神情一直處於一般性會談狀態，是表示對方在對我方探底。身體前傾、雙手捧筆記本或什麼也不拿，只是攔在腿上或茶几上時，表示對方注意力集中在議題上，有進一步合作的意願，這時，己方應掌握時機，趕緊促成交易。如果對方斜坐在沙發上，甚至翹起二郎腿，這種姿態，是一種「應付式」的標記，這時候我方應意識到，雙方洽談不會有什麼進展，不必對對方存有過多的期望。

(三) 行姿

走路時，人的姿式不一，給人的感覺也就各不相同。在國際商務交往中，走路的姿勢也應注意。正確的，高雅的走路姿態不僅可以給人賞心悅目的感覺，而且還可以傳遞不同的感情與信息。

女性走路的姿態應該是：頭部端正，但不宜抬得太高，目光要平和，要直視前方。行走時上身要自然挺直、收腹，兩手前後擺動、幅度要小，兩腿併攏，小步直線前進，步態自如、勻稱、輕柔，以顯示出女子的端莊、文靜、溫柔典雅的窈窕美姿。

　　男性走路的姿態應該是：昂首闊步、閉口、兩眼平視前方、挺胸、收腹、直腰。行走時上身不動，兩肩不左右晃動，以顯示出剛強、雄健、英武、豪邁的男子漢氣度。

　　一般來說，步伐穩健、端正、自然、大方，令人有沉著、莊重、斯文的感覺；步伐矯健、輕鬆、靈活、富有彈性，使人聯想到活力、健康，令人精神振奮；步伐輕盈、靈敏、行如和風，給人以輕巧、歡悅、柔和之感；行走時搖頭晃腦、歪歪斜斜、左右搖晃、隨隨便便，是庸俗、無知和輕薄的表現。

男子漢

　⊃ 男性在行走時要昂首闊步、挺胸、收腹、直腰，表現男子漢氣度。

另外，行走時還要注意主人與賓客的位置。在商務活動中，不同的身分，其禮遇的標準亦隨之而不同，而行走時的所行位置也就不同。當自己身為主賓時，緩步進門，環視房間主人站的位置，以確定自己的走向，這可反映出自己的修養、穩重和信心及力量。當室中無人而自己先到時，可在陪侍面前漫步房間，選面對門的桌子一邊中間位置坐下。等主人進門後，可隔桌伸手相握，而不必繞桌子過去握手。繞過桌子的舉動，表達自己熱情、禮貌；不繞，則是自信、自重、稍帶不滿的表現。

　　當身為主方時，若自己先到房間，在迎過客人後，引客人入席，自己走在後面，輕步入席。這反映禮貌、持重、信心。若自己晚到，應疾步入門，眼睛搜尋主賓，邊走邊伸手給主賓致意。這反映歉意、誠意、合作的態度，不使來賓感到冷淡、怠慢，而影響合作與交流。

　　除了行動舉止中的坐、站、行以外，商務人員的頭部、背部、面部的表情也都會影響整體儀表形象。比如說，交往的對方懷著誠意與熱情而來，己方應以同樣的態度相待；而當對方在交往中有傲慢、虛假的表現時，己方不應該持同樣錯誤的態度，回敬對方。優秀的商務人員應忌諱：以傲慢對待謙虛者，以虛假對待誠懇者，以冷漠對待熱情者。這不僅會詆毀了自己一方的形象，而且還會破壞雙方的合作氣氛，把商業會談與合作弄得不可收拾。這種局面的形成，不是來自雙方觀點、利益的分歧，而是在於對待對方的態度上的不滿，對商務洽談而言，是最不智之舉。

貳、國際商務人員的日常交往禮儀

一、日常禮貌

在商務交往中，各國商人的習慣雖然各有區別，但究其原則，整體的要求是：在交際場合中，要相互尊敬、致意、祝願、問候、慰問，以及給予必要的協助和照料，而不要打擾來賓，以及不要給來賓周圍的人有違和感。

(一)　守時守約

守時守約是商務交往活動中最基本的禮貌，是表示對對方的友好與尊敬。因此，參加任何商務活動，都應該按約定的時間到達，一定不要遲到。但也不要到的過早，過早，會使主人一方因未準備完畢而發窘，還要照顧自己；如果確實有特殊情況不能如時赴約，應設法事先打招呼，總之，失約是很失禮的行為。此外，要想訪問，應該事先約好再去，而不要貿然前往。

(二)　尊重風俗習慣

俗話說：「十里不同俗」。不同的國家、地區和民族，在自己的歷史文化背景下，形成自己的風俗習慣。在商務交往中，商務人員必須尊重這些風俗習慣，以免有失禮的表現。

(三)　舉止要落落大方

商務交往中舉止要端莊穩重、落落大方，表情要誠懇自然，平易近人，站有站相、坐有坐姿。站立時，不要將身子歪靠一旁，不要半坐在桌子上，或椅子背上。

等人時不要蹲在地上，更不能席地而坐。走路時腳步要輕，不要和伙伴搭肩而行。即使有急事，也不要跑，而是加快步伐。

(四) 講究社會公德、敬老尊婦

無論何時何地，都不要大聲叫別人的姓名、評論別人的是非，更不能自吹自擂。一個有修養的商務人員，特別是女士，絕不要在商務談判場合吸菸或嚼口香糖，任意拋棄食物包裝紙、果皮、報紙等廢物，這不僅是不講衛生，更是沒有公德的表現。

在西歐的許多國家裡，人們都愛鳥如命。在廣場、大街上，往往會鴿子成群，特別是在羅馬、米蘭的廣場上，還有專為遊客準備的餵鴿小袋食品出售。作為商業友人在這些國家裡，參加群眾活動，千萬要注意不要驚嚇鴿群和鳥類，那樣是很不禮貌的行為。

在商務交往中，還要奉行「女士優先」的原則。作為一種禮節，商務人員一定要注意，上下電梯與車輛、出入門廳等，應讓婦女和老人先行。如果與婦女結伴參加活動，進門或出門，作男賓的應協助婦女穿好大衣。在與外商代表交往中，更要注意這一點。

另外，在商務交往活動中，商務人員應避免某些不雅的小動作。在公共場合，不要修指甲、掏耳朵、打呵欠、打噴嚏等，也不要伸懶腰、哼小曲、隨地吐痰。與外商進行商務會談時，嘴裡不要有異味，萬一嘴裡有蔥、蒜或口臭等異味，應提前嚼一點茶葉，或者含一片口香糖，以沖淡口中散發的特殊氣味。

二、交往禮節

(一) 迎送

迎送是國際商務交往中常見的社交活動。在商務會談中，對前來參加會談的人員，要視其身分和商務會談的性質以及雙方的關係等，綜合考慮安排接洽活動。對應邀前來參加業務洽談的友人，無論是官方人士、專業代表團，還是民間團體、友好人士，在他們抵達活離開時，都要安排相應身分的人員前往迎送。重要客商、初次來的客商，一定要去迎接；一般的客商、多次來的長期合作客商，不接也不算失禮。

迎送的規格，主要依據前來進行商務會談人員的身分和目的，適當考慮雙方關係，同時要注意先前的慣例，綜合思考、平衡各種情勢而訂定妥善的接待規格。主要迎送人的身分和地位，通常都要與來者相差不大，以對口、對等為宜。

迎送時，必須準確掌握前來洽談人員乘坐交通工具的抵達與離去的時間，及早通知全體迎送人員和有關單位。迎接人員通常應在交通工具抵達前到達機場、車站或港口，送行時則應在賓客登機（登車、登船）前到達機場（車站或港口）。

來賓到達後，通常應先將前來歡迎的人員介紹給客人，可由自己一方的工作人員或由迎接人員中身分最高者介紹。

坐車時，應請客人坐在主人的右側。如果有譯員，則坐司機旁邊。上車時，最好請客人從右側車門上車；主人從左側車門上車，避免從客人膝前穿過。如果是迎送身分高的客人，應該事先在迎送地安排貴賓休息室並準備飲料，還要指派專人協助辦理出入境票務、行李托運等手續。外商抵達住宿地後，一般不應馬上安排活動，應讓客人稍作休息，起碼給對方留下更衣時間，只談翌日計畫，以後的日程安排另擇時再談。

(二) 費用支付

一般來說，應邀來華進行洽談的外商，其抵達會談地前和結束洽談後的費用由其自理。有時也要根據情況，來區別接待的規格。談判期間，可以由地主國的有關人員宴請外商，以示友好。在特別的情況下，也可由我方負擔外商在本國的全部住宿費用。如果對方人員超過邀請的人數，那麼，超過者的費用應自理。專業代表團和考察團的費用，一般都全部自理。

(三) 贈送禮品

　　國際間的商務往來，一般都離不開饋贈禮品這項活動。商務人員在相互交往中，饋贈禮品，除了表示友好，進一步增強友誼和今後不斷聯絡感情的願望外，更主要的是表示對此次合作成功的祝賀，以及預祝再次合作能夠順利進行的願望表達。既然如此，為表達心意而選擇適當的時機，針對不同對象選擇不同禮物，就成為商業交往中一門敏感性、寓意性很強的社交藝術。

　　贈送對方禮物的價值多少為宜？這應根據交易及客商的具體情況而定。一般來說，依據我國的國情，在選擇禮物時的貨幣價值，可不必過高，但要有中國的特色（或台灣的特色），以表現出不同的異國情調來。有時饋贈很昂貴的禮物給商務交往的對方，還會給人造成一種賄賂及另有圖謀之嫌，這樣不但不能增進彼此間的相互了解與信任，反而會引起對方的戒備之心。一般而言，歐、美等國的商人，其所注重的是意義價值，而非其貨幣價值。在美國，一般的商業性禮物的價值，約在25美元左右。而亞洲、非洲、拉丁美洲及中東地區的客商則有所不同，他們往往對其貨幣價值比較看重。

　　贈送商業禮品，要注意對方的商業習俗及其文化修養。由於商務人員的文化背景不盡相同，愛好和要求也會不相同。比如說，日本人不喜歡有狐狸圖案的禮品，如果送他們有這種圖案的禮品，他們會認為你在說他們貪婪。在阿拉伯國家，酒類是不能作為禮品送給商人的，更忌諱給商人的妻子送禮品。英國商人討厭饋贈的禮品，上面帶有送禮人單位或公司的標記，法國人不喜歡別人送菊花給他，因為在法國，只有在辦喪事的場合才會使用菊花。

　　給商務人員送禮，其數量也大有講究。在我國一般以雙數為吉祥，而在日本則以奇數表示吉利、如意。西方一些國家通常都忌諱「13」這個數字，因此，無論在送什麼禮物時，都要注意不要送13個或13種。送

禮時的時機和場合也應當特別注意，一般來說，初次的商業接觸是不送禮的，此項規舉各國、各地區也都大同小異。法國人喜歡在下次重逢時贈送禮品；英國人多在晚餐或看完戲之後，乘興贈給對方禮品；我國則喜歡在雙方道別前，贈送些紀念品以表示友誼和合作愉快。如果想給合作者一個驚喜，那送禮物的時間就更為重要，比如，在飛機起飛後，委由空中小姐代送我方的精美紀念品，的確會給外商一個有趣的回憶。

值得一提的是，禮物在商務交往中還有暗示的作用。不要因為饋贈禮品而給對方造成誤解。比如說，男性商務人員贈送對方女性商務人員商務禮品時，不宜送化妝品、項鏈、戒指等物品，這樣會使對方產生不愉快（會讓對方產生你是在做追求她的暗示）。在我國，一般忌諱以「送鐘」為贈送的禮品，因為「鐘」與「終」同音，「送鐘」（送終）是不吉利的字眼。正確選擇禮品的做法是，既要考慮到受贈一方的文化、習俗、愛好、性別、身分、年齡，又要考慮禮品本身的思想性、實用性、藝術性、商業性、趣味性和紀念意義等，更要注意「避奢脫俗」。

在我國，對於在涉外商務交往中，是否可以接受禮品，以及對禮物的處置，國內有關部門和企業都有相應的政策和紀律作為規範準則，商務人員一定要遵守這些規範。當商務交往中，對方私自向你贈送禮品而你又不能接受其禮物時，應當向外商說明我方的政策和企業的規定，但也要說明對方的心意，自己已領受，並表達謝意。另外，當對方所送的禮物恰當且合宜，我方可以接受時，要對對方表示感謝，並回贈適當的禮品。據了解，外商一般喜歡我國如下禮品：景泰藍禮品、交趾燒、玉佩、織繡品、水墨字畫、瓷器、茶具等。一般在國際商務交往活動中，禮品應當面贈送。

參、形色各異的外商習俗

一、日本、美國、英國、法國、德國人

(一) 日本人

我們可以說，日本人是東方民族經商的代表，其經商風格具有典型的東方特色。日本人在經商方面比較慎重、規矩、耐心、禮貌、自信，並且他們的事業心和進取精神都很強，他們對待業務一絲不苟，對任何一次商業活動的時間和內容，日本人往往在事先都會列出詳盡的計劃表。日本人對於合作和交易的考慮，往往從長遠的效果作考量，而不過分爭眼下的利益，他們善於開拓新的交易市場。這些特徵形成日本人的商業談判風格：「笑臉討價還價」、「任勞任怨做細緻準備（或方案）」，「吃小虧占大便宜」，「卡關鍵放長線，創造新的貿易機會」，「抓關鍵人物，促成交易」。

笑臉討價還價，正反映日本人一種「禮貌在先」、「慢慢協商」的態度。這種態度，可以在較好的氣氛下交換意見，而「討價還價」才是最終的目的，難就難在既要笑臉相迎，又要得到更多的利益。這就必須要求與日本人進行商務談判的人員，要具備較高的文化修養與個人涵養，才可以自如地運用「笑臉式」的討價還價策略。

日本人刻苦耐勞的作風，是歐美商務人員所不及的。商務談判中的方案變化，日本人可以日以繼夜迅速形成文字，使對方能充分理解，為其成功創造機會。面對日本人的勤奮，與他們打交道既要持讚揚的態度，又要保持對其成果的「審視」態度，否則就可能產生誤會，甚至吃虧。

「打折扣吃小虧，抬高價占大便宜」是日本人經商的典型特徵之一。為了逢迎買方的心理，日本出口商善於用「折扣」吸引對方，而為了使用這個策略，他們早已抬高了價格，留足了殺價的餘地。所以，與

日本商人談生意，絕不可僅以「折扣率」作為判定價格是否便宜的唯一標準，應堅持「看貨論價」，要把重點工作放在對日方的生產、產品、市場的需求比例的變化研究上，不要被「高折扣率」所迷惑。

與日本人談生意，還要注意日本人很注重在交易中建立和諧的人際關係。假如曾與日本商人有過交往，那麼在進行商業交易前要先回憶一下以往的友誼和交情，因為日本人不贊成也不習慣直接的、純粹的商務活動。有人認為，參加與日本人的交易談判就像參加文化交流活動，如果初次要與日本企業建立交易關係，或者洽談的內容十分重要，那麼在洽商前去拜訪日本企業中同等地位的負責人，是一件十分重要的事，它會促使日本企業重視與你之間的交易關係。

日本人在商務談判中有時不能坦率、明確地表態，有時在商品報價上灌水極大，常使對方產生模稜兩可、含糊不清的印象，甚至誤會。比如說，日本人如果對你的觀點一直點頭，並不是說明他已經同意你的主張，而是表示他已經聽見你的話。日本人在簽定契約之前一般格外謹慎，他們習慣於對契約詳細地審查，並且在其內部做好協調工作，這就需要一個較長的過程。但一旦作出決定，日本商人都能重視契約的履行，且履約率很高。因此，與日本商人進行商務來往一定要有耐心，事先要有中間人作介紹，在契約簽定之前必須十分仔細地審查，涵意不清的地方必須弄明確，以免日後造成糾紛。

(二) 美國人

美國在國際貿易中的地位及美國文化給商業談判帶來的特點，在世界貿易活動上均造成重大影響。美國人比較自由自在，不受權威與傳統觀念的支配，在美國商業界有一句格言：「允許失敗，但不允許不創新」。美國商人的文化特點是：性格外露、坦率、真摯、熱情、自信，辦事比較乾淨俐落，喜歡很快進入談判主題，談鋒甚健，並且不斷地發表自己的見解，注重實際，追求物質上的實際利益。由於自信而善於施

展策略，同時又十分欣賞那些精於討價還價，為取得經濟利益而施展手段的人，尤其是「棋逢對手」時，反而更易於洽談。由於美國商人雄厚的經濟實力及經商方式，他們對於「整批」交易興趣十足，並在氣勢上咄咄逼人。美國商人在談判中分工具體、職責明確，一旦條件適合即迅速拍板，因此決定合作與否的速度很快。美國商人由於工作節奏快，通常在短時間內做好一筆大生意，有時甚至從口袋裡拿出下一份早已擬好的契約讓你簽約成交。和日本人不同，美國商人在談判時往往顯得耐心不足。

與美國人做生意，「是」與「否」必須保持清楚，這是美國人經商的一條基本原則。當他們無法接受對方提出的條款時，就明白地告訴對方自己不能接受，而不是含糊其辭，使對方存有希望。

從文明形態來說，美國屬於工商業文明的社會型態，其特點是人口不斷流動，無法建立穩固持久的關係。因此，美國人不以人際關係作為保障其生存和利益的方式，只能用契約作為保障其生存和利益的有效手段。正因為如此，在商務合作中他們非常注重契約和法律。

美國商人對商品的包裝和裝潢比較講究。那些新奇的符合國際潮流的包裝與裝潢，往往能激起他們的購買慾和銷售慾。

與美國人進行商務談判與交流，絕對不要對對方的某一人指名批評，或者對他們認識的某一人批評指責。美國人認為，指責客戶公司中某人的缺點，或把以前與某人談判時有過摩擦的事作為話題，或把處於競爭關係的公司的缺點抖露出來進行貶低，都是絕對違反美國商人的經營準則。這是因為，美國人談到第三者時，都會顧及避免損傷別人的人格。這點如果不注意，就會遭到他們的蔑視。

美國商人的以上的特點和習俗，決定與美國人進行商務往來時，所要採取的適當對策。由於美國商人的坦率、誠摯和熱情，所以，與他們進行商務洽談時，要對他們的談話內容給予積極的反應，以加速談判的進程，創造成功的機會。由於美國人希望自己能戰勝「高手」（與自

己同樣精明的談判者），而獲致其欲追求的利益。因此，與美國人講價時，大可以放手討價還價，關鍵是要策略得體，即要立足事實而談，不辱及對方，用美國人自己的邏輯來駁斥美國人，要讓他們心服口服。

(三) 英國人

作為往日世界的霸主，英國人總帶有一種悠然自得的樣子。但又仍保留著英國的民族特性而顯得保守，對新鮮的事物不很積極。在英國商人身上，使人感到一種十足的紳士風度。他們善於交往、講究禮儀，對商務夥伴比較友善，容易相處與合作。英國商人在商務談判中比較靈活，對待那些有建設性的意見，反映很積極。在交易中即使所處的形勢對他們不太有利，他們仍然能夠保持誠實的紳士風度。

英國商人不但自己講究紳士風度，同時也非常注重商務談判對手的修養和風度。因此，如果你能夠在與英國商人的交往與合作中，顯示出自己很有教養和風度，則很快就會贏得他們的注意和尊重。

在商務交往中，英國人的等級觀念是非常嚴格而深厚的。因此，英國商人對商務談判的對手所表現出來的修養和風度是很在意，同時，還要留心對方的等級，以求平等與尊重。他們還比較注重傳統，辦事喜歡按程序進行。

英國商人在與人交談時，會選擇較為安全、保險的話題，諸如：天氣、旅遊、英國的繼承制度和皇室家族。由於歷史原因，使得英國在民族感情、民族關係上有些微妙之處；由於英國還保留著女王制度，因此英國商人在和外國人的交往與合作中，盡量避免談及愛爾蘭的前途、共和制優於君主制的原因，治理英國經濟的方法，北約組織中承擔義務最多的國家，以及大英帝國崩潰的原因等等。在提及女王時，英國人不說「英格蘭女王」(Queen of England)，而是說「女王」(Queen)；或說得更正規些，尊稱「大不列顛及北愛爾蘭聯合王國女王」(Queen of the United Kingdom)。〔大不列顛及北愛爾蘭 (Great Britain and Northern Ireland)〕。

英國商人在進行商務談判過程中，往往在程序上顯得鬆鬆垮垮的，事先的準備不夠充分。並且在業務成交後，產品經常延期交貨。這樣的狀況，使得他們在進行商務活動時，常處於一種被動的境地，所以不得不接受一些顯得有點兒苛刻的條件。甚至有時為了讓對方感到交易的可靠，還要在契約上，就交貨條件項目訂立賠償條款。英國人養成這種不能遵守交貨時間的習慣的原因，可能是由於英國在十九世紀初，第一個進入工業化的國家，那時英國的企業在技術上占有世界領先地位，並一度成為壟斷的資本主義國家。

另外，英國商人還普遍有一個弱點，即除了會說自己的母語 ——「英語」以外，不會講其他語言。這也難怪，有不少國家都把英語作為第二官方語言，這就使英國人很傲慢。

在商業貿易活動中，只要能保持禮貌待人，坦率從事，都會取得英國商人的好感，使其鬆垮的交易態度獲得改善。

(四) 法國人

法國商人在大多數的商業貿易交往活動中，往往會堅持使用法語。這是因為法蘭西民族在其近代史上，社會科學、文學、科學技術等方面都有著卓越的成就，民族自豪感很強。儘管他們的英語也講得很好，仍不輕易使用英語與對手交談。

法國商人很注重衣著，在他們看來，衣著代表一個人的身分、地位。另外，大部分法國商人每到八月份（法國政府的「帶薪休假」社會福利制度），就放開一切工作去旅遊度假，他們大都珍惜假期，會毫不吝惜地將辛辛苦苦掙來的錢在假期中花光。因此，他們從不在假期談生意。

法國商人在進行商務或社交活動中，時間觀念不是很強（但比起義大利人、西班牙人或葡萄牙人，還是好太多了）。某人身分越高，在出席活動時到得越遲。法國人在眾人面前，很顧及對方的臉面，盡量不使對方尷尬。

和英、美兩國相比，法國商人在公餘之暇的交際，大多是以家庭宴會的形式，隆重招待客人。但無論家庭宴會還是午餐招待，都不會被看作是交易的延伸，在宴會上忌諱談生意。因此，當法國商人發覺主人招待他的目的，是想利用交際來促進商業活動的順利進行，他們會馬上斷然拒絕。

　　法國人在進行商務活動的過程中，大都著重於依賴自己的力量去完成，而很少考慮利用集體的力量，個人辦事的權限很大，組織結構較為單純，從下級管理職位到上級管理職位大約只有二、三級，因此在從事商業洽談的時候，也大多由一人承擔，而且還要負責決策，為此，商談能夠迅速進行。他們每人承擔的工作範圍很廣，能通曉好幾個專業，一人可應付好多工作。這主要的原因在於，法國的工商業界，有許多中小企業的存在。

　　法國商人的商業交易作風，比較鬆垮，但富有努力不懈的頑強精神。在商務協議的制訂，與具體的執行過程中，常會有一些變更，這些變更有的是出於習慣，有的則是運用談判結束前的討價還價，成為爭取最後一點點利益的手段。他們在進行商務談判的過程中，常常因政府的介入，而使貿易與外交關係連接在一起。政府從外交方面介入企業之間的交易談判，一方面使得商務談判在諸多問題上顯得複雜化，增加了工作難度；另一方面，由於政府的出面，法國商人會覺得受到重視，從而迎合了他們在自尊心上的需求，隨之會變得較為通情達理，因而促進問題的解決。

　　法國商人在進行商務談判的過程中，常常顯示出較為友好的姿態，這適於創造良好的氣氛，有利於和對方交換看法。但他們對於各種書面的紀要，或備忘錄中有關「技術和經濟」方面的條件較為重視，因而在談判過程中，法國商人堅持這些文件的原則，不會輕易讓步，使得一些對手放棄自己原有的立場。但有時也可使法國商人較為彈性地改變初衷，只要注意他們的面子，還是有使其讓步的機會，只要經過一段時間的深思熟慮，或許可以使目前的局面改觀。這種可能性也可以由外交官

的介入，使法國商人能下個「台階」，事情就有轉圜。只要在談判風格和手段上，能做到隨機應變，使法國商人面子上好看，同時借助外交官的力量，便易於在商務交易中達到目的。

(五) 德國人

德國商人與其他國家的商人的特性迥異。他們在從事商務談判中的思維，很有系統性和邏輯性，因此在交易過程中往往準備得很充分、很周到、也很具體。如果他們遇到一個事先準備不充分，談判中思維混亂的對手，將會表現出極大的反感和不滿。德國商人性格倔強、自負、較為固執己見，難以妥協。因而在交易中很少讓步，討價還價的餘地不大，並且還常常在簽定契約的最後時刻，還想盡辦法逼迫對方作最後的讓步。

德國商人喜歡明確表示他們希望做成交易，準確地安排商務談判的議程，對於有關情況和己方的要求陳述，都表現得較為清楚、果斷。

德國商人很注重契約，對契約條文研究得比較仔細、對於契約的執行也相當嚴格。因此在簽定契約之後，任何關於要求交貨日期或付款日期的稍微寬延、變更或另作解釋等，都不會引起他們的理會和許可。

二、葡萄牙、西班牙、比利時、瑞士、北歐、東歐人

(一) 葡萄牙人

葡萄牙商人一般善於交際，在與人初次見面時，就會表現出來一種親密的感覺，但當你為他們的親暱所動，而進一步接近時，他們卻又縮回去了，所以很難和他們開誠布公地交談。

一般說來，葡萄牙商人給對手一種心地和善、純真的印象，他們在處理商務問題時，總是以自己為中心，因此協調性較差，無法使優秀的個人能力和他人的作用結合起來，不能在交易時發揮團體的效能。

葡萄牙商人的商務交易是用滙票支付，但常常不能爽快履行條約。例如，規定貸款的百分之七十在120天以後支付，但到了約定的日子，往往不能做到如數滙付，而他們會毫無愧意地提出只付百分之四十的貸款，餘下的百分之三十的貸款，還要延後120天再滙付，這種要求延遲支付的情景是經常發生的。

葡萄牙商人會在公餘時間進行社交活動，但與他人共進晚餐的機會較少，到交往較深之後，就變成以家庭為單位的交往，這時雙方的關係就非同一般。

(二) 西班牙人

西班牙商人性格開朗而溫順，考慮問題較為著重現實。在西班牙南部的居民，自古就從事商業活動，因此有許多道道地地的商人。一般而言，他們拒絕承認自己的錯誤並向對方致歉。鑒於社交的原因，西班牙商人認為拒絕別人是失禮的，因此在商務談判中絕對不說「不」，在談判時，即使你得到肯定的答覆，也可能會久久沒有消息。同時他們的工作缺乏計畫性，他們認為編排計畫只是紙上談兵，桌上的數字是假的，事業成敗靠得是運氣。

應當指出，在眾多的西班牙商人中有一種投機性的掮客。他們中也不乏具有相當資金實力的人，但他們的主要目的是賺錢，因此，一旦發生波折，可能會一走了之。所以，在與西班牙商人打交道時，一定要小心從事。

西班牙商人的某些習慣和葡萄牙商人相似。他們有公餘時間的社會交往，但只有到一定程度，才可以使雙方保持一種深層關係。

(三) 比利時人

比利時是一個發達的工業國，首都布魯塞爾是歐洲共同體／歐洲聯盟的總部所在地。

比利時商人注重外表、地位。在一般性交談中，若問及你投宿的旅館的名稱，而你回答的旅館是屬於一般性的，儘管他們嘴上不做什麼表示，而內心可能已經看輕你，這就可能影響雙方交易順利進行。

比利時商人的工作態度很現實、穩健。上層辦事人員工作努力，願意加班，即使週末甚至假期，如果需要的話，他們也會馬上趕回來。比利時商人的商業道德水準極高，幾乎沒有會使你上當或受騙的事例，收款時也很少發生什麼糾紛。

在比利時人中，日耳曼血統的弗萊明語系人（在北方省份）和法語系人（在南方省份）各占有一半，兩個民族在感情上相當獨立，互不搭理。基於這種原因，在進行商務交往中，應考慮兩個民族的不同特點。比如說，在商務談判中使用英語（既不用弗萊明語，亦不用法語）較為保險；在交易活動中，避免捲入雙方民族的爭執中。

再者，與比利時商人交易時，要直接與高級負責人會談，事先請他指定會見日期；並且會見時要保證雙方身分、地位相當，否則很難獲得見面的機會。

(四) 瑞士人

瑞士是一個山國，居民團結一致，具有強烈的排他性、待人十分嚴肅。在商務活動中，未建立交易關係之前，他們不願意提供關於公司業務情況的數據。

瑞士的貿易輸入大於輸出，國家經濟收支依靠旅遊業等來平衡，二次大戰以後，瑞士成了轉口貿易的中心。由此可見，瑞士的經濟活動是很特殊的。瑞士的商人大都從事精密工業產品的經銷活動，比如鐘錶、齒輪舉世聞名，機械、化工、手工藝品、食品加工產業也很發達。

對於商務談判和交易，瑞士商人認真、持重、嚴格履行契機，但若在交易中發生糾紛，卻又顯示出強烈的排他性。

(五) 北歐人

　　處於歐洲北部的挪威、丹麥、瑞典、芬蘭、冰島統稱北歐。北歐人自立性強、大度、平和、謙恭、坦率、樸素、心地好、不易激動，沉著而親切，願意主動提出建設性意見以求做出積極的決策。這些性格特徵，使得他們在進行商務談判過程中，表現出坦誠、積極、固執的風格。他們對坦誠的商業夥伴較有好感。

　　北歐人辦事的計畫性較強，沒有絲毫的飄浮不定，屬於務實型。凡事都按部就班，規規矩矩，所以辦事效率較低。

　　北歐商人看問題較為固執。當他們自以為看準時，那種固執勁就像山裡人一樣。這種商務談判風格與積極提供方案的特徵正好呼應。隨著「積極變動」之後，必然是「消沉的固守」。如果在商務談判過程中，在積極的階段失去戰機，或者提出的方案均不合意時，就進入「消沉的固守」階段，這時談判不要著急，反過來以坦誠感化，以靈活態度去疏通。只要對方的經濟利益尚有餘地，在這種措施之後，還是可以得到轉機的。

　　當然，這些國家之間也有差異處。例如：挪威人比較注重理論，善於形成體系，富於創造性；而瑞典人卻精雕細琢，善於應用；丹麥人則善於推銷，在商業方面是一流的商人。

　　在北歐，中間商和代理商的作用在商務交易中往往很重要。雖然使用中間商、代理商時，都存在中間差價，但為了能順利地從事商業活動，許多國家的商人與北歐商人做生意時還是求助於中間商。

　　北歐由於冬季很長，所以對陽光特別珍惜。在假期中，所有公司的業務都處於停頓狀態。因此，做交易要趕在休假之前辦妥。當然也可以休假逼近作為藉口，來催促他們成交；再有，北歐人大都喜歡三溫暖浴，在這些國家，商務談判之後去洗個三溫暖，幾乎成了不成文的規定。因此，你若邀請他們去洗三溫暖，也會被看作是對他們的尊重，利用公餘時間的交際來增進雙方的友誼。同時，也以此來表明交情深厚和業務的重要性。

(六) 東歐人

東歐，指包含原捷克斯洛伐克、波蘭、匈牙利、羅馬尼亞、保加利亞、南斯拉夫等國。後因蘇聯解體，原東歐國家的版圖也因國家分裂、種族獨立，而出現一些新興國家。目前東歐包括波蘭 (Poland)、捷克 (Czech Republic)、斯洛伐克 (Slovakia)、匈牙利 (Hungary)、羅馬尼亞 (Romania)、保加利亞 (Bulgaria)、斯洛維尼亞 (Slovenia)、克羅埃西亞 (Croatia)、波士尼亞 (Bosnia)、塞爾維亞 (Serbia)、馬其頓 (Macedonia)、阿爾巴尼亞 (Albania)。

與東歐國家的商務談判，過去主要是貿易談判，而雙方之間的貿易往往採用「記帳貿易」的形式，具有「以貨易貨」的色彩。在商務活動中除了強調國與國之間的關係，還要受進出口平衡等方面的限制。

由於東歐幾國近來發生極大的變化，與這些國家進行交易應根據新的情況作出新的判斷和對策。

三、阿拉伯人、東南亞人、大洋洲人

(一) 阿拉伯人

阿拉伯人主要分布在地中海沿岸、中東以及北非地區。由於受地理、宗教、民族等方面的影響，阿拉伯人具有沙漠人的特點，即以宗教劃派，以部族為群，比較保守，有嚴重的家庭主義，性格比較固執，脾氣也很倔強，不輕易相信別人。比較好客，但缺乏時間觀念，對來訪者不管自己當時在幹什麼，都一律停下來熱情招待客人。比如，當你正在與某一阿拉伯商人深入細緻的討論交易問題時，突然這個阿拉伯商人來了一幫朋友或親戚。這時候，這個阿拉伯商人絕不會將這些人拒之門外讓其稍候，而是引進房間一起談話。為此，有人稱阿拉伯人是遠離鐘錶的人。

與阿拉伯商人打交道，首先必須爭取他們的好感和信任，建立朋友關係、創造談判氣氛。在阿拉伯國家，不可能一次見面或一次電話就可

以做一筆生意，想推銷某種貨物而訪問客戶時，第一、二次是絕對不可以談生意的，第三次才可以稍微提一下，再訪一、兩次後，方可進入商談。

　　阿拉伯商人特別重信譽，同宗同族的人作生意必然會在信任上占有便宜，反過來說，要取得阿拉伯商人的好感和信任，必須尊重對方的教義和習俗。

　　阿拉伯人做生意有個習慣就是要討價還價。如果談判桌上沒有討價還價，就不是一場「嚴肅正規的談判」。無論小店、大店均可以討價還價。在商店裡，標牌價只是賣主的「報價」。更有意思的是，不還價即買走東西的人，還不如討價還價後什麼也未買的人受賣主的尊重。其經商邏輯是：前者小看他，後者尊敬他。不過，對阿拉伯人的討價還價要注意兩類不同做法的人：「漫天要價與追求利潤」。前者喜歡冒叫一聲，你可以就地還價，大刀闊斧。後者開價雖留有餘地，但其態度主要在追求適當利潤，買者應適度還價。根據阿拉伯商人「漫天要價」與「追求利潤」的開價模式，買者僅能在還價的立場上做文章。

　　在阿拉伯人的社會裡，等級制度的觀念是根深蒂固的，他們的封建社會的色彩比較濃厚。在這個社會裡，宗教控制和影響著國家的經濟、政治和他們的日常活動，疏忽宗教就不能從事商業活動。

　　在與阿拉伯人的商業交往中，有一種經常出現而很令人頭疼的語言，這就是"IBM"，這與美國的IBM公司沒有絲毫的關係。"IBM"在阿拉伯商業圈中出現是阿拉伯語三個詞語的字頭。"I"是「因夏拉」（神的意志）。"B"是「波庫拉」（明天再談），"M"是「馬列修」（不要介意）。這是阿拉伯商人在交易談判中，保護自己抵擋對方的一句很方便的遁辭，一種強有力的武器。比如說，雙方在商談中訂好了契約，後來情況有所變化，對方想取消契約，他們就可以名正言順地說，這是「神的意志」（因夏拉），很簡單又似乎很合理地取消了契約。而在商談中好不容易談出點名堂，情況對你比較有利，正想進一步

促成交易時,他們卻聳聳肩說:「明天再談吧。」(波庫拉)等到明天再談時,有利的氣氛與形勢已不復存在,一切都必須從頭再來。當你為對方的上述行為或其他商業上的不愉快而十分惱怒時,他們會拍著你的肩膀說:「不要介意,不要介意」(馬列修),叫你哭笑不得。

與阿拉伯人進行商務合作,一般都必須通過代理商,無論是私人交易還是與政府有關部門的交易,如果沒有合適的阿拉伯中間商,你就不可能在生意談判中進展順利。在涉及到大筆的代理生意時,代理商可以幫助你在政府中找到合適的關係,使你談判的項目得到政府的批准而帶來方便。

由於阿拉伯人受封建和宗教意識的影響,一般情況下,婦女很少在公共場合露面。男士去阿拉伯國家談生意和到阿拉伯商人家作客時,不要涉及婦女問題,更不要給商人的妻子買東西。

(二) 東南亞人

1. 新加坡人

我國與新加坡洽談貿易,對手以華僑居多,因為新加坡是一個名副其實的華裔之國。一般來說,新加坡人的鄉土觀念很強,團體的同甘共苦精神也很強烈。同時,新加坡人也很講面子。「面子」在商業洽談中,對於年老一代的人來說,具有決定性的意義。在商務洽談中,即使遇到重要的決定,新加坡人往往不喜歡做成書面的字據。但是,與新加坡商人一旦訂立契約,就絕對不會違約。即使是華僑,一般也是重信義、珍惜合作關係,對對方的背信行為表現得十分痛恨。

2. 泰國人

泰國的進出口貿易基本上是平衡的,外貿逆差較小,外滙支付不成問題,泰國的物價也比較穩定,市場條件較好,外商投資的環境也比較優惠。

泰國商人的性格也是典型的華僑性格，他們絕不信賴別人，全靠自己的家族來掌管生意，也不鋪張浪費。同業之間能互相幫助，但是不可能會結成一個組織來共擔風險。因此，想與泰國商人結成推心置腹的交情，要花費很多的精力和時間。但一旦建立友誼，他們便會完全信賴你。所以與他們進行商業間的交往，要給予誠實而富有人情味的印象，而不僅僅是精明能幹而已。

3. 印度尼西亞人

印度尼西亞的人口結構，百分之九十的人是回教徒，所以與他們進行商務往來必須注意他們的宗教信仰。

首先，他們特別強調互助精神。他們很有禮貌，絕對不講別人的壞話。所以，除非是深交，一般難以聽到他們的真心話。在商業交易中，若是交往不久，雖然他們在表面上極為友好，談得也很投機，但他們心裡想的是否完全一致，就很難說了；假如建立推心置腹的交情，則往往可以成為可靠的合作夥伴。

按照教義，印尼有一個月的「齋月」，每天從日出到日落不能吃東西。在這段時間中，印尼人一般事務性的工作可以勉強支持過去，但體力勞動則難以維持。這段時間內，也不易與他們進行貿易往來。

印尼商人還有一個特點，那就是喜歡有人到家裡來訪問，而且無論什麼時候訪問都很受歡迎。所以，在印尼，隨時都可以敲門訪問，以加深雙方交情，使商談得以順利進行。

(三) 大洋洲人

大洋洲主要包括澳大利亞和紐西蘭。

澳大利亞的人口中，百分之九十是歐洲系人，以沉著型居多，不喜歡生活環境被擾亂，他們由於地廣人稀，因而很重視辦事效率。商業洽談中，澳方派出的談判人員，一定都具有決定權。因此，與他們進行談

判，己方派出的人員，也應同樣具有決定權，否則他們會很不樂意參與商業談判。澳大利亞人極不願意把時間浪費在不作決定的空談中，而且在談判中談及價格時，不喜歡對方報高價，然後再慢慢地減價。所以，他們採購貨物，大多採用招標的方式，根本不予討價還價的機會，因此必須以最低價格來議價。

澳大利亞商人，不太計較商品的「完美性」。所以，他們對提高商品品質的腳步，進展很慢。澳大利亞人一般都遵守工作時間，他們待人很熱情。但需注意的是，他們招待歸招待，與生意無關，公私分明。

紐西蘭商人由於經常進口外國貨，所以他們都精於商談，很難應付，但他們在商務交往中，責任心很強，注重信譽。

肆、一些國家的經商禁忌

一、日本、美國、英國、法國、德國

(一) 日本

與日本人初次見面時不要談工作。在商業宴會上，如有急事不要作正式告別，因為他們認為正式告別會擾亂宴會氣氛，對其他在場的賓客是一種不禮貌行為。在交往中切忌指手劃腳。日本商人在數字方面很忌諱「4」和「9」，因為日文中「4」和「死」的發音相同，「9」和「苦」的發音相同。

(二) 美國

在美國，不要與洽商對手長時間與之握手。如果你是男士，就不要送美國婦女香水、衣物和化妝品，因為這樣會引起不必要的麻煩。美國人不喜歡別人問他每月收入，送禮在法律上有嚴格規定。

(三) 英國

在英國與英國商人交談時，最好不要談論政治、宗教及皇家的小道消息。英國人最討厭的是，在就餐時還討論公事。在英國，一般不要結條色的領帶，尤其是談生意的時候。英國人忌諱談論女人的年齡。不要把英國人統稱為「英格蘭人」(English)，而要稱為「不列顛人」(the British)，才會使他們感到滿意[44]。另外，英國人忌諱以人像作為商品的裝潢。

(四) 法國

與法國商人談生意時，盡量避免涉及家庭，更不要詢問他生意做得好壞及底細。因為法國人不喜歡提及個人問題，在法國，避免談論政治和錢。在用餐時，他們討厭別人在飯前喝蘇格蘭威士忌和馬丁尼酒。他們認為，這些酒會影響他們對美味菜餚的鑑賞力。

法國人認為核桃花是不祥之物。在法國，黃色的花是不忠實的表示。去做客時，不要向主人贈送菊花，菊花只有在葬禮時才送。在法國，男人向女人贈送香水就有「過分親熱」和有「不軌企圖」之嫌。

(五) 德國

對德國人，不要送玫瑰花，因玫瑰花有浪漫的涵意。在談話時，不要談論打棒球、籃球或美式式的橄欖球，因為這些運動不是德國人熟悉的運動。見面和離開時，不握手是極大的失禮。

在歐美各國，一般都忌諱「13」這個數字，西方的很多旅館和辦公大廈沒有十三層樓，有些航空公司沒有十三號班機；宴會廳的餐座，十二號緊接著十四號。德國也是如此。

---

44. 如果你碰到蘇格蘭人，你用英語問他是否是英國人？ "Are you English？"，他會不客氣地說 "No, I am Scotch？"。因此，你若要問對方是否是英國人？用 "the British" 指稱「英國人」時，英格蘭人與蘇格蘭人都能接受這種說法。

二、中東

與中東商人談生意時，不要涉及到國際石油政策和中東的政治問題。在服飾和談吐中，注意不要觸犯他們的教義。吃飯、喝茶千萬不可用左手。

阿拉伯人不吃豬肉，禁止養豬。同時，不要談狗，更不要送帶有動物形象的禮物，在他們看來，動物形象會帶來厄運。

當盤膝坐在地上時，應記住不要讓腳底板朝向任何人。在與阿拉伯人交往時，注意不要涉及他的妻子，最穩妥的辦法是，裝得根本不知道有女人存在，更不要給阿拉伯人的妻子送禮。

上面簡要介紹不同國家的經商習俗，以及一些禁忌。當然，還有許多貿易國家的習俗與禁忌，也值得我們了解、研究。台灣是典型的海島型經濟國家，對外貿易是我國生存的命脈，如果我們對一個國家的經商習俗有較多的了解，那麼對我們國家與這些國家或地區商人的交往，會大有益處。

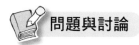 **問題與討論**

1. 何謂「禮儀」？

2. 試簡述禮節與禮貌相異之處？

3. 西方書籍記載穿衣三原則為何？

4. 男士中式服裝可包含哪些？

5. 一般西餐宴會酒類可分哪幾種？

第 **3** 章

國際環境保護

3
Chapter

第一節

緒　論

壹、人類中心論─破壞環境的最大禍源

「環境」(*l'environnement*, environnement)，就其當今的定義而言，在許多語言中都是一個新詞。是從二十世紀六○年代開始，人類才發現環境的惡化，已構成對現代社會的挑戰。因此，在世界上大多數國家，被科學家喚醒的公眾輿論意識到，由於人類活動漫無無節制地倍數成長，加上受人口爆炸、常常失控的科學技術的影響，我們的地球正面臨著危險。環境惡化的症狀已是無法辯駁：河流和湖泊的汙染、海邊黝黑的潮水、有毒的煙霧、野生動物種類的減少，這些都顯示人類對其自身的

⊃ 環境的惡化，已構成對現代社會的挑戰。

---

*　本章參考法國***Alexandre-Charles Kiss***（亞歷山大─夏何樂・基斯），《***Droit international de l'environnement***》（國際環境法），***2ème éd., 2000, Paris, Pédone***，編譯而成。《國際環境法》是基斯教授的代表著作之一，也是世界上第一部全面有系統地研究國際環境法的著作。該書法文版之初版於1989年問世，英文版的初版於1992年出刊。為了反映國際環境法在近十年來的重大發展，基斯教授又對該書作大量增修，並於2000年4月分別推出該書的法文版與英文版之第二版。本章是參考該書法文版之第二版，編譯而成。目前該書之法文版第三版已於2004年發行。

生存所造成的危害。環境所承受的威脅，主要是來自人與自然的關係破壞。從長遠看，生物圈(*la biosphère*, Biosphere)，即生命可以存在、也是我們所依賴的宇宙的一小部分，也處於危險之中。我們提出人與自然的關係問題，事實上就是生物圈的問題，而且，需要對這個問題作出解答。

然而，歷史有許多事例顯示，人類很早就意識到自己處於自然環境中，自然環境決定其生存。這一點可以從與不同宗教相結合的古代文字記載中得到證明。在《創世紀》(*Genèse*, Genesis)中，上帝通知諾亞(*Noé,* Noah)，洪水即將來臨，並吩咐諾亞建造一艘方舟(*Arche*, Ark)，不僅帶上其家人，而且載上所有生物（每一種鳥、每一種牲畜、地上的每一種走獸）雌雄各一隻，使它們可以生存；洪水之後，上帝雖然賜予人類統治其他物種的權力，但祂不僅與人類立約，而且與鳥、牲畜和走獸也立約（《創世紀》第六章和第九章）。根據一本西元前三世紀的佛教書籍，鳥和牲畜同樣有生存的權利和行動的自由，地球屬於人類和所有生物，國王只是他們的守衛者（《大史》第十四章）。其他許多文明，都在其起源與自然之間建立神秘的聯繫；宇宙起源被認為始於地與天的結合。在非洲、美洲和亞洲的祭祀中，大地是人類的母性之神，既是人的原型，同時又是撫育人的母親。因此，大地是神聖的，動物和植物應受到尊重。因此人類才有豐收的節慶，表達其對大地的崇敬，以及在獵捕牲畜或莊稼收獲前的祭拜儀式。

由於重商主義的出現，人類的觀念發生了變化，人類關心物質的商業價值，工農業的擴大，破壞人與自然的關係。古代人類對自然的深切尊重逐漸被拋棄，代之以對利益的追逐。

工業時代的到來和日新月異的科學技術，形成如下荒謬的信仰：人類是世界唯一的主宰，可以為所欲為，而且必須征服自然、與天爭勝。這種思想融入到一些意識形態中，預言在新的社會，人類是宇宙唯一的主人，可以使一切資源用來滿足人類的需要。追求物質享受的物質主義

充斥著西方社會，以後又逐漸蔓延到世界其他地方，導致對生物圈漫無止境地開發，認為生物圈及整個自然資源只是服務於人類。即使人類有願意管理某些環境的內在元素，但以他們早期的表現，也深深地烙上「人類中心主義」(*L'anthropocentrisme*, Anthropocentrism)的印記：人類保護自然界的某些特定生物，如魚、鳥或海豹，也只是從它們對人類的功能而出發的。

今天，隨著人類思想的重大發展，可以概括出以下幾種對環境的態度：

(一) 純粹和苛刻的「人類中心主義」，只考慮資源的直接效用，一切服從於經濟尤其是市場經濟，市場的自我調節優先於其他任何規則；

(二) 在某種程度上，每個人的「環境權」(*droits à l'environnement*, rights to the environment)是「人類中心主義」的一種變異，它已得到越來越多的承認，因為它將環境保護與人類需要聯系在一起；

(三) 「人類中心主義」的弱化形式，要求不僅考慮人類目前的需要，而且還要考慮後代的需要。這個思想結合了長遠的考慮，基於這樣一個事實，換言之，人類生存在地球上是相對近期的現象，並不一定是地球上生命的永久證明；

(四) 與「人類中心主義」相反，「生態中心主義」(*centralisme écologique*, Eco-centrism)認為人類是其環境的一部分，這個環境應在整體上受到保護，包括一切生命形式，而不考慮它們對人類的用處；

(五) 可以與宗教信仰聯系在一起的倫理思想，主張承認人類對於保護整個生物圈的責任；人類不是所有者，而只是管理者。

(六) 最近產生的「環境公平」(*l'équité d'environnement*, Environmental Justice)思想可以被認為是一種綜合，包括三方面的內容。首先，它意味著在分配環境利益方面，今天活著的人之間的公平；其次，

它主張代際之間的公平，尤其是今天的人類與未來的人類之間的公平；最後，它引入了物種之間公平的觀念，即人類與其他生物物種之間的公平。

貳、環境（保護）法因應環境惡化而催生

法律對環境惡化提出強烈的回應，發生在二十世紀六〇年代期間，隨著科學家發出的緊急呼籲後，世界上有一部分地區的大眾輿論，幫助政府推動關懷環境運動。在其國家內部，積極治理有關遭受汙染的淡水、海洋和空氣，及對某些區域保護環境的立法越來越多。但是，很快地人們不得不屈服於這樣的事實，僅僅依靠國內的努力，是不能保護環境的。河流、海洋、

不通過，就抗議，不通過！就下台！

環保陳情

環保團體

⇨ 大眾輿論促進政府推動關懷環境運動。

大氣、野生動植物是沒有國界的。一個國家邊界內的重大變故，可能引起邊界以外的環境的改變，或是對其他國家的領土、公海發生極大的影響。譬如，油船事故造成的黑潮，和一九八六年在俄國境內車諾比核電廠事故，此種重大環境汙染，對人類發出嚴正的警訊。更何況人類健康與環境品質之間的關係，其相互影響變得越來越明顯。

環境科學(*la science de l'environnement*, Environmental Science)使人們認識到環境的各個組成部分，它們是緊密相聯的。目前，環境科學中的各個分支系統，各行其事的情況，已逐漸少見。排入河流的汙染物最終會汙染海洋，其所釋放的氣體和空氣中的顆粒，會落到土壤和地表水，在地上處理的廢物，終將會汙染地下含水層。所有汙染的後果，最後都會損害人類及其他生物健康。森林的惡質狀況，可被認為是環境惡化的另一層面之綜合指標。然而，森林一般處於主權國家的領土範圍內，很難通過國際合作進行保護。在這些情況下，如何看待國家邊界問題？

改變人們對環境的看法，另一個決定性因素是，有關影響環境的全球性問題的發現：海洋汙染、生物資源減少、臭氧層稀薄、全球氣候變遷，生物多樣性的銳減、濫伐森林以及土地沙漠化。對於這些威脅，唯一可以採取的應對措施，是以世界為範圍的無疆界國際合作，國家不分大小、貧富通通含括在內。顯然，這樣的合作，需要法律規範、制訂規則，以及一個國際機構足以促進並監督這些規則的實施。

經濟因素也是推動環境保護(*la protection de l'environnement*, environmental protection)的國際行動之一。不同國家間的法律差異，將不利於那些已經制定環境保護法(*code de protection de l'environnement*, Code of Environmental Protection)的國家，因為這些國家的工商產品成本，會高於那些沒有同等法律的國家的產品成本。這種差異會促使產品、廢物(*déchets*, waste)、甚至工業活動，都會出口到環境法規鬆弛的國家。

參、跨科際環境保護鏈的終極者—環境法

環境法(***Droit de l'environnement***, Environmental Law)〔或「環境保護法」(***code de protection de l'environnement***)〕，不論是「國內環境（保護）法」還是「國際環境（保護）法」，其特點之一，是難以明確地描述其概貌。其他相關的自然科學或社會科學跨科際(***interdisciplinaire***, interdisciplinary)的支持，對於環境法來說是必不可少的。這裡可以舉出在環境問題上相互繫系的一系列學科，首先是地質學、物理學、化學、生物學、生態學(***écologie***, ecology)等，以上是人類認識環境、了解環境的惡化，以及提供補救方法所必須的學科。關於環境問題的解決辦法，必須被置於人類社會中，因此，社會學、經濟學和政治學也有其作用。法律學位於這個學科鏈的末端，它是將決策者所採取的解決辦法，用法律形式表達出來。然而，法律要有效，它就不能忽視過去或其他國家已經嘗試過的解決辦法。這樣，即使在「環境法」內，也必須利用「比較法」(***droit comparé***, Comparative Law)，甚至在某些情況下，求助於「法律史」(***l'histoire du droit***, legal history)。此外，「環境法」規則還經常「穿梭」於國內法與國際法之間：在某個法律秩序內所採用的標準和原則，常常被其他的法律秩序所利用。

環境法的另一特點，是難以確定其範圍。一方面，在環境保護中發揮作用的規則，可能有著其他最終目的，例如漁業條約中有的規範，其最終目的是保護人類健康。另一方面，環境法又不能不與其他領域發生部分重疊，例如海運的安全規則、船舶建造標準或船員培訓準則，都會與環境法部分重疊。而在國際環境合作方面，又必須以國際法(***droit international***, international law)的一般規則為基礎，尤其涉及條約法(***droit des traités***, Law of Treaties)、國家的屬地管轄權(***compétence territoriale***, territorial jurisdiction)和屬人管轄權(***compétence personnelle***, personal jurisdiction)、國際責任(***responsabilité internationale***, international responsibility)。

國際環境法(**Droit international de l'environnement,** International Environmental Law)雖然是國際法的一個分支，但它卻有許多重要的創新。一些法律淵源，如國際機構或國際會議所通過的文件，尤其是《斯德哥爾摩宣言》(**Déclaration de Stockholm,** Stockholm Declaration)和《里約熱內盧宣言》(**Déclaration de Rio de Janeiro,** Rio de Janeiro Declaration)，具有非常重要的意義，在國際法的發展上發揮了巨大作用。而國際組織（包括政府間和非政府間的）作為國際環境法的參與者，具有越來越重要的地位。個人(**la personnalité,** personality)在國際環境法中的作用也在增加。新概念和新原則的產生，擴大了相鄰國家間的雙邊關係。這種進步，導致新的法律手段出現，並廣泛地運用在國際與國內事件上。總體來說，法律必須適應環境的挑戰、解決問題，如動、植物物種的滅絕問題、保護生態系統和生態進程問題、破壞環境活動的長期影響問題、經濟手段與法律處置相結合問題，以及如何預先防止環境遭受損害，而不是事後課以國際責任的問題〔環境遭受損害，而課以肇事者（國）國際責任（賠償），只是事後的補救措施，對受害者（國）而言，其環境仍舊是遭到破壞。因此，事先的防範措施勝於事後的補救〕。

在「國際環境法」已經存在的三十年期間，它經歷了異常迅速的發展。這段期間可以劃分為幾個時期。在二十世紀的七〇年代，國際法律制度與國內法一樣，首先對環境的重點部分加以保護，諸如，海洋、淡水、空氣和野生生物。在第二個時期，在處理方法之上，採取新的措施與手段。主要是規範可能對環境產生不利影響的物質：化學產品、廢物和放射性物質。第三個時期，始於二十世紀九〇年代，其特點是對環境進行綜合的保護，結合環境發展和世界經濟背景綜合考慮。除了繼續運用前兩個時期的法律手段外，越來越多的法律措施，將對環境的法律保護，建立在多方面的人類活動基礎之上。

第二節

國際環境法的目的和性質

　　國際環境法，如同海洋法或太空法一樣，是國際法的特殊領域，其目的是防止生物圈(*la biosphère*)嚴重惡化(*aggravation*, aggravation)和失去平衡(*déséquilibre*, imbalance)，以致不能發揮正常作用。

　　這個定義點出了有關國際環境法的終極目的：為什麼必須保護生物圈？為維護誰的利益？還需要研究的問題是：在國際環境法領域內，誰承擔法律義務？這些法律義務的基礎是什麼？

壹、國際環境法的終極目的

　　根據聯合國國際教科文組織的一項題為「人與生物圈」的規劃，「生物圈」(*la biosphère*)一詞是指我們的環境的總體，按照我們現有的知識，它是以各種生命形式為中心之宇宙的一部分。實際上，它只不過是環繞地球外圍一層非常薄的物質，包括低層大氣、地表及地下幾百米深度，直至海洋底層。

　　人們能夠在法律上保護整個生物圈嗎？如果人們願意實現這種保護，最適合的法律手段，是賦予生物圈以相當於法律人格(*personnalité juridique*, legal personality)的法律地位(*statut juridique*, legal status)。目前還難以想像對整個自然界採取這種解決辦法。然而，已有先例可以啟發我們思考。1982年的《聯合國海洋法公約》(*la Convention des Nations Unies sur le droit de la mer*, the United Nations Convention on the Law of the Sea)作出了嘗試：它宣布國際海底區域及其資源是「人類共同繼承財產」(*Patrimoine commun de l'humanité*, Common heritage of mankind)（第136條），對這些資源的一切權利屬於全體人類，由「聯合國海底管

理局」(***L'Organisation des Nations Unies pour l'Autorité internationale des fonds marins***, The United Nations International Seabed Authority)代表全人類來行使（第137條第2款）。如此，地球的一部分被賦予法律地位，同時它還有確定的代表機構。也許人們可以為生物圈提出一個類似的解決辦法，只是在近期不太可能。

與國內法律秩序一樣，國際環境保護也是透過對生物圈的組成部分（岩石圈、氣圈、水圈）採取保護措施。一九七二年，斯通(Stone)在其著名的《樹是否應當有地位？》一書中建議，承認某些環境要素的法律人格。但是，我們目前的法律制度(*le système juridique*, legal system)，還難以接受這樣的解決辦法，因為法律制度是人類創立並服務於人類的。因此，環境的要素將由於它們對於人類的重要性，為人類服務而受到保護。這種以人類為中心對待資源的傾向，反映在一九七二年《斯德哥爾摩環境宣言》(***Déclaration de l'Environnement de Stockholm***, Declaration of the Stockholm Environment)中：

> 為今世和後代的利益，對於地球的自然資源，包括空氣、水、陸地、植物和動物，尤其是自然生態系統的代表性標本，應根據需要，通過認真規劃或管理予以保護。（第二條原則）

➲ 法律是人類創立並服務於人類的。

但是，還是有越來越多的國際法律文件承認「環境組成部分」的內在價值。在一九七九年九月十九日《歐洲保護野生生物和自然界的伯恩公約》(*la faune européenne et conservation de la nature Convention de Berne, European wildlife and nature conservation Berne Convention*)的〈前言〉(*Préface*, preface)中，就在這方面表達其特殊意義，它指出：

> 野生動、植物的構成，具有美學、科學、文化、創造性、經濟和內在價值的自然遺產(patrimoine naturel, Natural Heritage)，必須保存它們，並將它傳給後代。

　　同樣，一九九二年六月五日的《生物多樣性公約》(*Convention sur la diversité biologique*, Convention on Biological Diversity)也承認：

> 締約國清楚地知道生物多樣性的內在價值。

　　這些文字表現了一種綜合思想：人類的自然遺產，代表著某些東西對人類而言，是一種重要的生活品質，它們仍然具有一種固有的內在價值。一九八二年聯合國大會(*Assemblée générale des Nations Unies*, United Nations General Assembly)通過的《世界自然憲章》(*Charte mondiale pour la nature*, World Charter for Nature)在這方面也有所發展，它在〈前言〉中指出：

> 每種生命形式都是獨特的，無論對人類的價值如何，都應得到尊重，為了承認其他有機體的內在價值，人類必須受行為、道德准則的約束。

　　環境基本要素的內在價值因此得到承認，但對環境的保護，卻不是通過道德規範而是通過法律規則來實現。因此，一九九二年「里約熱內盧大會」提出的《森林原則宣言》(*Déclaration de principes sur les forêts*, Declaration of Principles on Forests)，儘管沒有法律拘束力，但它承認：「森林是經濟發展和維持一切生命形式，所不可缺少的」。

顯然，必須借助其他途徑來回應有關環境保護的終極目的。正如《世界自然憲章》〈前言〉第一句就說：

　　　　人類是自然的一部分，生命有賴於自然系統的功能來維持生理需要於不墜，以保證能源和養料充分的供應。

　　生物圈的內在價值並沒有被排斥，而是被結合到這樣一種認識中，換言之，吾人承認人類是自然界的一部分，沒有自然界，人類就不能生存，人類透過保護生物圈及其平衡來保護自己。從這個觀點思考，環境的每個組成部分，不僅具有直接關係到人類的價值，而且，還是一個相互關聯的系統中，不可缺少的要素，必須保護這個系統，以確保人類的生存。儘管人類生存這個最高目標，仍然是以人為中心，人類卻不再被視為在自然界之外或之上，而是與自然界相互聯繫，相互依賴的一部分。由於自然界各個部分都是相互聯繫的，每一部分都應受到保護。在這個意義上，所謂環境的「內在價值」(*la valeur intrinsèque*, intrinsic value)就可以被理解。然而，這與一九八〇年「國際自然保護同盟」(**L'UICN**, IUCN)所提出的《生物多樣性公約草案》(***Le projet de Convention sur la diversité biologique***, The draft Convention on Biological Diversity)中，「人類應與其他生命形式分享地球」的觀點，還是有很大的落差。

　　這些發展，雖然不是法律上的，卻具有重大意義，因為它們指出了國際環境法的性質，而國際環境法在國際法面臨的挑戰中，產生出新內容。特別是，這些發展使人們認識到，保護生物圈是人類的共同利益，而這種認識對整個國際法具有非常重要的影響。

　　這個共同利益(*intérêts communs*, common interests)是什麼？首先是人類的生存，也是組成生物圈的個人和民族，可以在尊嚴和自由中，過一種物質上滿足的生活。需要補充的是，當我們提到「人類」時，不僅包括今世，也包括後代。後代的生存條件，不應比今人從前輩那裡繼承的條件差。事實上，後代的權利，暗含在所有關環境保護，和自然資

源養護的文件中。從《斯德哥爾摩宣言》第二條原則和《保護世界文化和自然遺產公約》(*Protection du patrimoine mondial culturel et naturel*, Protection of World Cultural and Natural Heritage)的第四條開始，後代的權利就越來越明確地規定在國際法律文件中。

在今天這個四分五裂、充滿對抗，甚至流血的世界裡，我們是否可以討論，尋求一個為所有人都承認的共同利益？如果可以，如何找到這個共同利益？事實上，是國際法本身提供了這個問題的答案。在國際法最傳統的層面上而言，就是體現在調整其主體（即國家）之間的關係。長期以來國家是國際法公認的唯一主體。傳統國際法是基於「意志主義」(*volontarisme*, voluntarism)：國際關係中的一切法律規則，源於國家意志(*Volonté de l'Etat*)。在國際組織產生之前，這種認知占國際法主導地位；在國際法的基本原則中，包括國家主權和獨立原則(*le principe de la souveraineté nationale et l'indépendance*, the principle of national sovereignty and independence)以及國家關係中的互惠原則(*Réciprocité*, Reciprocity)。互惠原則在羅馬法(l*e droit romain*, Roman law)中就存在，其表現雙邊契約(*bilatérales du contrat*, bilateral Contract)上。國際法中的互惠原則是指，在一個國家接受的義務與它從其他締約方獲得的好處之間，尋求法律平衡。貿易條約、建交、聯盟協議、調整外交和領事關係的法律文件，十九世紀的幾乎全部條約法(*droit des traits*, law of treaties)都是基於互惠原則。

然而，即使在傳統國際法的黃金時期（一八四五～一九一四年）之初，也存在著例外。一些條約的內容不是基於互惠，而是確立關於一般義務的規則，而且，這類條約越來越多。例如：關於國際河流及大洋間運河的自由航行，禁止在海上運輸奴隸，對宗教自由的某種保護，以及十九世紀末以來，試圖使戰爭「人道化」(*humanisation*, humanization)的規則。這些條約的締約國，並未從中獲得明顯直接的好處，卻要接受了義務。

一次世界大戰以後，湧現了互惠原則的其他例外(*dérogation*, exemption)，主要是由於國際勞工條約(*Traités internationales du travail*, International Labor Treaties)的締結。全體國家的利益、整體國際社會的利益，以一種系統的方式表現出來，即消除可惡的剝削童工現象，或是不人道的、危險的工作條件。二次世界大戰以後，為了人類共同利益而通過的，包含：非互惠義務的規則，進一步擴大到包括，國際人權保護、開發利用南極及其近海、探索外太空及天體、公海自由和開發公海生物資源。

六〇年代末，即「國際環境法」誕生的時期，出現了「人類共同遺產」(*Patrimoine commun de l'humanité*, Common heritage of mankind)的概念。根據全球性公約，這個概念被適用於國際海底區域、月球和天體。事實上，於人類共同利益在法律上，被具體表述為人類共同遺產之前，它已經以普通的語言存在於南極制度、無線電頻譜制度和同步衛星軌道制度中。這些制度都規定不強占、保護資源、合理利用的義務。國家自願決定(*décision volontaire*, Voluntary decision)遵守這些義務，但並不為自己獲得任何直接的好處。其目的是為人類共同利益這個更長期的目標服務：即為維持和平、防止可能造成危險的國際緊張局勢，尊重保障所有人的尊嚴、基本權利和自由，制止對自然資源進行自私的、破壞性的過度開發(*la surexploitation*, Over-exploitation)。在這些並非基於互惠的公約中，明確體現著人類共同利益。

曾經有學者提出國際法上存在「法律性條約」(*traités juridiques*, Legal treaties)和「契約性條約」(*traité contractuels*, Contractual treaty)之分。如果種區分有意義，那就是說：「法律性條約」是為了人類共同利益而締結的，「契約性條約」是基於互惠原則，至少是對那些開發水準相近的國家之間的條約。顯然，國際環境法規則，是屬於為人類共同利益而制定的那種規則。實際上，這些規則一般不會給締約國帶來直接好處。其目的是保護野生動植物種、海洋、空氣、土壤、風景。即使是少

數幾個國家之間，為控制某些汙染而簽訂的條約，互惠也通常並非真正的動機。例如河流上游的國家與下游的國家所處的形勢不一樣，風向或洋流會嚴重影響法律義務，這與締約國之間的平等相悖，從而削弱了互惠的意義。

此外，在許多旨在保護環境之特定內容的條約中，人類共同利益被列入條約的目標中，通常是列在條約的〈前言〉中。

一九七二年十一月二十三日聯合國國際教科文組織《保護世界文化和自然遺產公約》(*Convention concernant la protection du patrimoine mondial, culturel et naturel*, Convention concerning the Protection of the World Cultural and Natural Heritage)聲明：

> 任何文化和自然遺產的損壞或消失，都構成使世界各民族遺產枯竭的有害影響。

一九七九年六月二十三日《保護野生遷徙動物種的波恩公約》(*Protection des espèces migratrices d'animaux sauvages de la Convention de Bonn*, Protection of migratory wild animal species of the Bonn Convention)〈前言〉的主張更有特點：

> 各種野生動物構成地球自然系統不可替代的組成部分，應為人類的利益受到保護。
>
> 每一代人為後代掌管著地球的資源，負有保護和謹慎使用遺產的使命。

一九九二年六月五日《生物多樣性公約》(*Convention sur la diversité biologique*, Convention on Biological Diversity)在〈前言〉中指出：

> 生物多樣性的保護，是全人類的共同關切事項。

一九九二年五月九日通過的《聯合國氣候變化綱要公約》
〔*Convention Cadre des Nations Unies sur les changements climatiques*,
(*CCNUCC*), United Nations Framework Convention on Climate Change,
(UNFCCC)〕更向前邁進一步，它不是在〈前言〉，而是在〈主文〉中
的第三條第一項中規定：

> 各國有義務在平等的基礎上，根據共同但有區別的責任和它們
> 各自的能力，為現世、後代的利益保護氣候系統。

因此，國際環境法的終極目的，毫無疑問是為了人類共同利益，各
國應為服務於這個利益而合作。

◯ 各國應為服務於人類共同利益而合作。

貳、國家的職責

前述之認知，足以影響我們對於國際環境法的觀點。從我們承認人類共同利益是一個法律秩序的終極目的之那一刻起，在這個秩序範圍內的行為者，就應負擔實現此一目的之責任。因此，在國際環境法中，國家行使這個職責，是來自人類共同利益，而非是源自主權權利的職責，但國家並不是唯一承擔這個責任的主體(*le sujet*, Subject)。

一九七二年《斯德哥爾摩宣言》的第一條原則宣布，「為今世和後代保護和改善環境是全人類的職責」，而後面的原則中，並沒有明確標示國家的特殊作用，只是在第七條原則中指出：

> 國家應採取一切可能的步驟，防止危害人類健康、損害生物資源和海洋生物、破壞自然和諧或妨礙對海洋的其他合法利用的物資，所造成的海洋汙染。

一九八二年的《世界自然憲章》的第二十一條原則，作出更明確的規定：

> 各國和有此能力的其他公共機構、國際組織、個人、團體和公司都應：
>
> (1) 通過共同活動和其他有關活動，包括交換情報和協商，合作進行養護大自然的工作。
> (2) 制定可能對大自然有不利影響的產品和製作程序的標準，以及議定評估這種影響的方法。
> (3) 實施有關養護大自然和保護環境的國際法律規定。
> (4) 確保在其管轄或控制下的活動，不損害別國境內或國家管轄範圍之外地區的自然系統。
> (5) 保護和養護位於國家管轄範圍以外地區的大自然。

《世界自然憲章》第二十二條原則還規定：

在充分考慮到各國對其自然資源的主權的情形下，每個國家應通過本國主管機構並與其他國家合作，執行本憲章的規定。

《聯合國海洋法公約》第一九二條規定：

各國家有保護和保全海洋環境的義務。

這些義務與國家為人類共同利益須履行的職責相符。人類共同利益還體現在人權(*droits de l'homme*, Human rights)和人道主義法(*le droit humanitaire*, Humanitarian Law)方面。國際社會的重心，從成員的「個體利益」和「主權權利」轉為「集體利益」和「國家相應的職責」，這是一種革命。正如半個多世紀前喬治‧塞爾(George Selles)那樣的國際法學者所預言的，這種思想可以與「『太陽中心論取』代『地球中心論』」相比。國際環境法在這個發展過程中，發揮著特殊的啟示作用，促使國際法從簡單的維持和平的法律轉，變成「為地球的健康」進行合作和管理的法律。但在這個無形的革命之外，觀念的轉變和對國際法新的認知，形成更明確的後果。儘管國家為保護環境的共同利益，所擔負的責任已關係到超越國界的問題，如生態系統的生存、生態平衡的維持，但大多數需要保護的環境內容，仍處於國家主權之下。因此，國家的作用，在對國際社會最有利的假設條件下，它可能轉變為代理人、執行人、保管人或是受託管理人。事實上，考慮到被保護對象(*l'objet*, object)，即環境各個組成部分的地位和後代的權利，依國際環境法的邏輯推演的結果是：國家相對於環境，所處的地位，應當是「受託管理人」(Trustee)，即管理、保護並善意利用受託對象。

由於這個改變，國家在國際制度中的地位，已產生觀念性的革命。國際法不再圍繞在「國家主權」概念中，「共同利益」已成為國際法律制度真正的核心。但我們卻不能忽視這個革命性的認識，亦存在著可能動搖整個國際法的危機。因為，主張和強調人類共同利益的國際公約中，缺少互惠內容。然而，在非制度化的國際社會中，互惠卻是遵守諾言的基本保障，它暗含著自動懲罰的規範。條約的保障在於，一個國家侵犯其他締約國的權利，這個國家的條約利益，就可能被剝奪。例如，甲國侵犯人權，此種行徑不能經由乙國政府對「甲國國民人權的侵犯」而讓甲國受到制裁。在國際環境法中同樣如此：對於海洋汙染或空氣汙染，不能以另一種汙染予以懲罰。因此，懲罰應當算是另一種性質的制裁。

　　為此，必須為人權和國際環境法創設新的國際控制機制。一方面，已經出現像國際委員會那樣的控制機制，委員會審查有關條約實施狀況的定期報告，並進行監督。在國際環境法中尤其如此。另一方面，還有不同於傳統國際責任(*la responsabilité internationale*, International responsibility)的「環境損害責任」(*responsabilité pour les dommages environnementaux*, Liability for environmental damage)，與法律上非強制性的「軟法」(Soft Law)規則相應，「環境損害責任」在某種程度上是一種「軟責任」(Soft responsibility)。在所有這些程序中，公眾輿論發揮著相當重要的作用，正是由於公眾輿論，國際環境法才誕生並迅速發展。

　　確切地說，由於世界性的公眾意識發揮強大的作用，以及根據實際需要，人們有必要以新手段，保證國際環境法的實施，促使我們提出這樣一個問題：如果有必要在國際範圍內，承認「環境權」是個人權利(*les droits individuels*, individual rights)之一，是否會對國際環境法的發展和實施產生積極影響？

参、環境權

國境環境法的目的是維護人類共同利益，人們也可以思考這種利益，在公認的個人權利中被體現。從這兩種觀點（「維護人類共同利益」與「體現個人權利」）去推敲，其實並不矛盾，因為對所有個人基本權利(*les droits fondamentaux des individus*, fundamental rights of individuals)和自由的普遍尊重，已被明確地宣布為人類共同利益的一部分。正如一九四八年十二月十日聯合國大會通過的《世界人權宣言》(*Déclaration universelle des droits de l'homme*, Universal Declaration of Human Rights)，所指出的：

> 對於人人固有尊嚴及其平等不移權利之承認，確係世界自由、正義與和平之基礎。

從「斯德哥爾摩大會」(*Conférence de Stockholm*, Stockholm Conference)時起，人權與環境保護之間的聯繫就已經確立。《斯德哥爾摩宣言》第一條原則指出：

> 人類有權在一種能夠過尊嚴和福利的生活的環境中，享有自由、平等和充足的生活條件的基本權利。

這一點在「里約熱內盧環境與發展大會」(*La Conférence de Rio de Janeiro sur l'environnement et le développement*, Rio de Janeiro Conference on Environment and Development)上得到重申。《里約熱內盧宣言》第一條原則指出：

> 人類有權享有與自然和諧的、健康和富足的生活。

因此，人們也應當通過保護其生活環境的法律條款，使環境受到保護。事實上，人們越來越清楚地意識到：一個被汙染的環境、生物多樣性遭到破壞的環境，與滿意的生活條件和個人特質良好發展的目的，是背道而馳的。打破基本生態平衡，將有害於肉體與精神的健康。承認對安全健康的「環境獨立權利」(*droit indépendant à l'environnement*, Independent right to the environment)具有重大意義。首先，環境權加強和補充對「其他人權」的保障。例如，處於不同社會條件的人之間的不平等，常常由於環境惡化而加劇：富人擁有更好的物質手段，他們可以逃避貧民區的空氣汙染和環境惡劣的區域，並創造一個健康與平衡的生活環境，而窮人則沒有這種可能。這樣，承認對於健康和安全的「環境的權利」，也同時成為實現「其他基本人權」的一個手段，此種權利的保障，促使人類共同利益得到承認。

⤷ 不同社會條件的人之間存在著不平等。

環境保護的基本內容之一，也體現人權的一面，即承認「後代的利益」，其中就包含著環境權。《斯德哥爾摩宣言》和《里約熱內盧宣言》都宣布，使人能夠過尊嚴和福利的生活的環境，是人應享的權利；緊接著，宣言指出，為今人和後代保護與改善環境，是人類的神聖職責。事實上，即使人們只考慮個人在經濟、社會和文化領域所公認的權利，如果由於人們不負責任地浪費導致資源不足，想要實現上述的權利，無異是緣木求魚。

因此環境權是人類尊嚴的一種表達形式，它完善今人的人權，是實現後代其他人權的必要前提條件。

然而，談到權利，就有必要確定其精準的內涵和外延。關於「環境權」，由於「環境」一詞，可以解釋為好幾種不同的含義，「環境權」的內涵很難加以定義，「環境權」也難以得到認同。實際上，「環境」可以指整個生物圈，與最接近個人或群體的物質世界之間的，連續統一體上的任何一處。而且，「環境」本身是中性的：一個環境可能好或不好，或被破壞或需要保護等等。談到「環境」的實體法(*le droit matériel*, Substantive law)條文，通常都加上修飾語。《斯德哥爾摩宣言》使用「環境」一詞，該「環境的品質，使人能夠過尊嚴的、福利的生活」。規定了「環境權」的四十多個國家的憲法或立法文件中，「環境權」或者是作為「人的權利」之一，或者是作為「國家的職責」，或者二者兼而有之，這些文件都或多或少地使用了修飾詞，都以「人及其需要」為中心。一九七八年十月的《西班牙憲法》第四十五條第一項，只是簡單地提到：「人充分發展的權利」；一九七九年七月十二日的《祕魯憲法》第一二三條承認：「在健康、生態平衡、適合於生命發展和風景自然保護的環境中，生活的權利。」這是到目前為止最完整的表達方式。許多其他憲法條款（一九七七年八月十六日《葡萄牙憲法》第六十六條第一項）或法律條款（一九七六年《匈牙利環境保護法》第二條）介於這兩個定義之間。一九九一年十二月十九日頒布的《俄羅斯環境保護法》採取了更全面的方法。其中第一條規定：

以保護自然資源和個人生活方式為目標、調整社會與自然的關係，是俄羅斯聯邦環境立法的首要任務之一，環境立法的目標是加強今世與後代的利益平衡。

　　即使「環境權」被定義為：「健康和生態平衡的環境」，但還需要更進一步地明白確認其真意。人們甚至可以說，沒有事先嚴肅的科學研究，這些標準是不能適用的。下定義的問題，在法律中是普遍存在的，在「人權法」(*la loi des droits de l'homme*, Human rights law)中更是如此。就像確定傳統的「自由權」(*Droit à la liberté*, Right to freedom)的內容一樣，雖然這個權利，在民主國家早已得到公認和實踐，卻仍有必要考慮一些難以把握的因素，如公共秩序、公共道德、自決(*autodétermination*, Self-determination)、國家安全和「民主國家必要的」限制。考慮到《經濟、社會和文化權利公約》(*Pacte international relatif aux droits économiques, sociaux et culturels*, International Covenant on Economic, Social and Cultural Rights)規定的經濟權、社會權和文化權，對自由權的定義就更加困難。如其中社會保障的權利（第九條）、適當生活水準的權利（第十一條）、享有最佳健康的權利（第十二條）等，在一個特定社會的公共意識中，這些概念的含義必須足夠明確，使法官或行政機構可以適用。在多數情況下，對個人權利和自由的解釋，不能脫離歷史和社會背景。歐洲人權法院(*La Cour européenne des droits de l'homme*, The European Court of Human Rights)的好幾個判例承認，國家政府在適用基本國際規範時，有根據各自的具體情況，進行衡量的餘地。

　　顯然，這個歷史和社會背景也包含著倫理因素，反應了某時和某地所公認的社會價值。人們可以認為，今天在公眾意識中，當然也存在著一幅關於環境的清楚圖像，這個環境應當受到保護，並應使每個人從中受益。公眾輿論對生態災難的反應，證明了這一點。因此，很可能在具體情況中，通常處理「人權保護問題」的司法機構，對於賦予「環境

權」概念以具體內容的任務，不會感到無所適從。因為，對「環境權」的表述，事實上與具體實現「環境權」的手段是相符的。

拒絕接受「環境權」的人認為，「環境權」的特點太模糊，而不能由司法裁判，或者「環境權」與公認的「其他基本人權」和自由太相似。回答這個問題，有必要指出對「其他基本人權」缺乏認識的情況。

保護人權的基本內容之一，是創設規範，使權利得到尊重的程序。因此，基本的權利之一，是被表述在《公民權力和政治權利公約》*(Pacte international relatif aux droits civils et politiques*, International Covenant on Civil and Political Rights)第九條和《歐洲人權公約》*(Convention européenne des droits de l'homme*, European Convention on Human Rights)第五條中，人的自由和安全權，正是通過保障這一權利的程序，才體現其真正意義：非依法定理由和程序，任何人的自由不得被剝奪；因刑事罪名而被逮捕或拘禁的任何人，應立即送交法官，並在合理的時間內受審或釋放；被拘禁的人有權訴諸法庭，等等。因此，自由和安全權，現實中不易通過其他方式，表達的抽象概念，在程序權利中被具體化：當國家機構損害公民的自由和安全時，使權利能夠被保障的，正是某些程序的存在，和良好運作，這些程序構成一種保護，而不是專斷。因此，可以認為，「環境權」不應被解釋為：「對理想環境的權利」我們很難作一個「抽象的定義」；而應解釋為：使現有環境受到保護、使之不被破壞，以及在某些情況下，使環境得到改善的權利。總之，**「環境權」實際上意味著，使環境得到保護和改善的權利。**

因此，在實施中，「環境權」，可以與其他任何受保障的個人或集體權利一樣，可以具體表彰其主體的權利。就像個人安全權一樣，「環境權」的實現，也體現在程序制定方面，這就意味著要創設有效的程序。因此，承認「環境權」應包括使個人有權就環境問題，訴諸有管轄權的機構。

因此，「環境權」類似於其他某些受保障的人權。然而，它也具有區別於其他權利的某些特點：適用於「環境權」的「正當程序」*(des procédures appropriées*, Due process)與民事或刑事領域慣用的「法律救濟途徑」(*les recours juridiques*, legal remedies)非常不同。原因是，環境只能通過「預防措施」(*mesures preventives*, preventive measures)，才能真正得到保護和改善。大多數情況下，對生態損害(*les dommages écologiques*, ecological damages)的賠償，即使是可能的，也將在實踐中遇到非常大的困難。不過，防止環境損害的必要性要求補救手段，應與未來的決策或其他將採取的措施，聯繫在一起。因此，對於那些可能對環境造成損害的決策或其他措施，首要條件是必須使可能受到影響的個人，事先得到通知。也就是說，「環境權」必然包括個人對於影響他環境的訊息，有「知的權利」。從而，對個人環境有影響的工程或事項，個人亦有「知情權」(*Droit de Savoir*, Right to Know)。

狹義的「知情權」可以指徵詢資訊的自由，廣義則指獲得資訊，甚至收到訊息的權利。與之相應的，則是國家有義務，不干涉公眾從國家或私人機構，獲取資訊的行為，有義務取得，並傳播關於公共和私人的所有相關訊息。如果政府的義務，僅限於不干涉公眾代表向那些願意提供訊息的人，徵詢的能力，而這些人並不享有獲得資訊的權利，那麼，實際上很少有人可以獲得資訊。政府發布關於其公共工程的訊息義務，可以增加公眾的知識，但不能使公眾了解許多私營工業部門，可能影響環境的活動。政府可以通過頒發「許可證」和進行「環境影響評估」，使人民可以獲得有關這些活動的資訊。國家擔負傳播這些資訊的義務，可以使公眾廣泛地了解公共決策。

與其他多項法律不同，環境法的一個特點，是為所有的人創設權利和義務。所有考慮到環境保護的憲法或法律條文，都規定國家保護和改善環境的義務，其中還有許多規定個人及群體也在這方面承擔義務。每個人有權使其環境受到保護，但也有義務為此付出努力。然而，個人履行這一義務需要政府的行動，正如個人承擔的教育義務，需要國家建立足夠的機構，使公民來履行這個義務。因此，國家和地方政府，不僅應使其成員了解任何將威脅其環境的措施，還應幫助他們為共同的任務履

行義務。這裡可以引申出兩點：首先，在通報有關環境情況之外，個人應受到必要的教育，從而能最好地利用所得到的訊息。其次，個人應能夠參與影響其環境的決策，不僅包括具體措施，也包括一般規劃。這裡談到的個人，自然包括他們的群體，如協會(*l'association*, Association)或利益團體(*les groupes d'intérêt*, Interest groups)。

公民對環境保護的具體參與，是「環境權」的真正體現：它不僅使個人行使他所享有的權利，還使他履行他在這方面應負擔的義務。而且，公民因此不再是消極的權利享受者，而要分擔管理「整個集體利益」的責任。

⮕ 公民對環境保護的具體參與，是「環境權」的真正體現。

在這方面應援引《世界自然憲章》第二十三條原則，它清楚地指出個人參與權的內容：

> 人人都應當有機會按照本國法律，個別地或集體地參加擬訂與其環境直接有關的決策；遇到此種環境受到損害或破壞時，人人應有辦法訴請救濟。

但這條原則應與緊跟隨其後的第二十四條原則一起考慮：

> 人人有義務按照本《憲章》的規定行事，人人都應個別地或集體地採取行動，或通過參與政治生活，盡力保證達到本《憲章》的目標和要求。

歸根結底，環境意味著使環境得到保護和改善的權利，不僅賦予個人權利，也使他們承擔義務。在此政府的功能被擴大了。一九七七年八月十六日的《葡萄牙憲法》第六十六條第二項就屬於這一情況：

　　國家有義務，通過有管轄權的組織機構或人民的主動請求：

(1) 防止和治理汙染及其影響和侵蝕的有害形式。

(2) 以建立生態平衡區的方式治理領土。

(3) 建立和發展自然保護區和娛樂公園，以養護自然和保護具有歷史或藝術意義的文化價值的方式，對風景點進行分類和保護。

(4) 促進對自然資源的合理開發，同時保護自然資源的再生能力和生態穩定。

　　「人民的主動請求」意味著政府應鼓勵公民的參與並組織這一參與行動。而且，行政機構中有更多的任務，將是指導和幫助公民，履行他們在這方面的職責，而至減少命令或限制。因此，行政人員與公民之間的關係，從垂直轉變成平行。這無疑是一項民主改革，是防止可能充斥環境保護領域中的「專家政治」的屏障。

　　四十多個國家（即全球五分之一的國家）通過的憲法或法律中，都規定了「環境權」。其中，七〇年代以後通過的憲法和憲法修正案，都沒有忽視這一權利。但在國際環境法領域，只有「沒有法律約束力的文件」承認「環境權」，如《斯德哥爾摩宣言》、《世界自然憲章》、《里約熱內盧宣言》。而八〇年代以來所通過的大多數國際人權文件，都承認「環境權」。例如，一九八一年《非洲人權憲章》明確規定，

　　「有利於人類發展的、令人滿意的環境」是「所有人的權利」。

一九八八年《美洲人權公約》(*Convention interaméricaine sur les droits de l'homme*, Convention interaméricaine sur les droits de l'homme) 之〈經濟、社會和文化權利議定書〉(*le Protocole des droits économique, sociaux et culturels*；Economic, Social and Cultural Rights Protocol)第 十一條題為「**對健康環境的權利**」，它規定：

(1) 每個人應有權在健康的環境中生活，有權享受基本的公共 服務。

(2) 締約國應促進環境的保護、保全和改善。

　　一九八九年《聯合國兒童權利公約》(*Convention relative aux droits de l'enfant*, Convention on the Rights of the Child)雖然沒有明確規定「環 境權」，但它要求締約國採取措施保障兒童的「健康權」，此措施包括 提供營養的食品和清潔的飲用水，並要「考慮環境汙染的危險」（第 二十四條）。一九八九年「國際勞工組織」(*Organisation internationale du Travail*, International Labour Organization)通過了《關於獨立國家內原 住民[1]和部落的公約》(*pays indépendant sur la Convention des indigènes*

---

1. 原住民：「原住民」(indigènes, indigenous people)有很多不同的稱謂：「原始居 民」或「土人」(aboriginals)、「本土人」或「當地人」(natives)、「第一人」(first persons)、「第四世界」(the fourth world)等，但是在國際文件中、國際組織中和 國際論壇上，「原住民」這個名詞是最常用的。一提起「原住民」人們往往會聯想 到美洲的印安人、紐西蘭的毛利人等，其實世界上「原住民」的種類，遠比這些 少數民族還要多（筆者按：原住民族一定是少數民族，但少數民族並非一定是原住 民族），原住民族人口占世界人口的6%。
   參閱：《土著人與自決法》—法搜—中國法律信息搜索網，www.lawyee.com.cn/ html/text/art/.../335549082.html
   有關「原住民族」定義，現為當前國際社會廣為接受的定義，是由前聯合國特別 報告員何塞・馬丁內思(Jose R. Martinez Cobo)所撰寫的「柯博工作定義」(Cobo-working definition)中所敘述的定義：「所謂原住民族係指在『被侵略和殖民化以 前在其領域上發展的社會，而目前在該領域中不同於支配的社會或其一部分的其他 階層者。他們在現時點上未居於統治階層，但有其固有文化模式、社會制度及法律 體系，並依此作為民族存在的基礎，且決意保全、發展其祖先的領域及種族認同， 並將其傳承給將來的世代者。』」請參閱：https://www.amnesty.org/en/what-we-do/indigenous-peoples/及http://www.un.org/esa/socdev/unpfii/documents/ UNDG_guidelines_EN.pdf。

et tribaux, Independent countries on the Convention of indigenous and tribal)。公約要求締約國採取特殊措施保護原住民(*indigènes*, indigenous)的環境，尤其要對「開發活動計畫」的環境影響進行事先的評沽，與原住民合作保護和保全他們所居住的環境（第七條）。公約還承認原住民傳統狩獵和捕魚活動的重要性（第二十三條）。正如大多數保護野生動物(*protection des animaux sauvages*, protection of wild animals)的國際公約都有例外條款(*clause dérogatoire*, clause of exemption)的規定一樣，公約允許原住民進行傳統狩獵活動，甚至是針對瀕危物種(*espèces menacées d'extinction*, Endangered species)獵捕亦在「例外」(*dérogation*, exemption)之列。

聯合國人權機構[2] 已經開始考慮環境與人權之間的關係。一九八九年以來，聯合國「防止歧視和保護少數民族次委會」(*La sous-commission sur la prévention des discriminations et la protection des minorités*, The sub-commission on Prevent of Discriminations and Protection of Minorities)在這方面通過了好幾個〈決議〉(*Résolution*, Resolution)。其中一個〈決議〉（一九八九年第十二號）重申：「有毒和危險產品的運輸威脅著基本的人權，如『生命權』、『在安全和健康的環境中居住的權利』和『健康權』」；〈決議〉呼籲「聯合國環境規劃署」(*Programme des Nations Unies pour l'environnement*—PNUE, United Nations Environment Programme -- UNEP)對此尋求全面的解決辦法。

另一個〈決議〉（一九九○年第七號）則任命「特別報告員」(Rapporteur spécial, Special Rapporteur)研究環境與人權之間的關係，指出「人權與環境之間有著不可分割的聯繫」。聯合國人權委員會(*Le Comité des Nations unies sur l'homme. Droits*, The UN Committee on Human. Rights)於一九九○年通過〈決議〉（一九九○年第十四號），強調保全維持生命的生態系統，對於促進人權具有重要的意義。

---

2. 此處主要是指：聯合國人權委員會(*Le Comité des Nations unies sur l'homme Droits*, The UN Committee on Human Rights)。

⊃ 有毒和危險產品的運輸威脅基本人權。

　　九〇年代通過的國際環境文件一般都沒有提到「環境權」，然而，它們都強調公眾的「知情權」、「參與權」和「獲得救濟的權利」。同時，國際人權機構繼續於關注「環境權」這個普遍性問題。

　　一九九二年「聯合國環境與發展大會」(*La Conférence des Nations Unies sur l'environnement et le développement*, The United Nations Conference on Environment and Development)通過的文件，幾乎都沒有提到「環境權」。不僅沒有明確提出「環境權」，也沒有進行關於人權與環境保護相互關係的討論。「聯合國環境與發展大會」籌備委員會第三工作組(*Comité préparatoire Groupe de travail III*, Preparatory Committee Working Group III)曾考慮將「環境權」放在《里約熱內盧宣言》的建議中。在大會開會之前，「宣言草案」中有幾個條款，涉及對健康環境的權利。然而，在最後會議上，卻未能就是否在「宣言」中，採納這幾個條款，達成一致協議。

　　《里約熱內盧宣言》與《斯德哥爾摩宣言》有很大不同。《斯德哥爾摩宣言》一開始就承認：

「人類有權在一種能夠過尊嚴和福利的生活的環境中，享有自由、平等和充足的生活條件的基本權利。」而《里約熱內盧宣言》則宣稱「人類有權享有與自然和諧的健康富足的生活」。

　　宣言中使用「權利」一詞，是在國家開發其資源的主權權利(*les droits souverains*, sovereign rights)（第二條原則）和發展權(*le droit au développement*, the right to development)（第三條原則）中。

　　但是，《里約熱內盧宣言》提倡個人的「知情權」、「參與權」和「獲得救濟權」。但宣言避免使用「權利」一詞，只是呼籲公眾的有效參與：

　　環境問題最好透過在相應層次上，由所有相關公民的參與來處理（第十條原則）。

　　而且，

　　個人應有適當途徑，接觸政府已掌握的環境資料，包括關於他們的社區的危險物質和活動的資料，並有機會參與決策過程。各國應廣泛傳播訊息，促進和鼓勵公眾知情和參與。應使公眾能夠有效地利用司法和行政程序，包括補償和救濟程序。

➲ 個人應有適當途徑，接觸政府已掌握的環境資料。

同樣，《二十一世紀議程》(*Agenda 21ᵉ siècle*, Agenda 21 Century)第二十三章也指出，個人、團體和組織應能夠獲得政府掌握的關於環境和發展的資料，包括已經或可能對環境產生重大影響的產品和活動的資料，以及有關環境保護事務的資料。

沒有拘束力的文件[3]中所主張的「知情權」，在有拘束力的條約中被大大弱化。《氣候變化框架公約》(***Convention-cadre sur les changements climatiques***, Framework Convention on Climate Change)第六條規定，各締約方應在其各自的能力範圍內，在國內，必要時在地區內，根據國家法律規定，鼓勵和促進公眾獲得資料和參與，以利營造良好的環境。《生物多樣性公約》沒有關於公眾知情權的條款，只是在〈前言〉中指出，普遍性缺乏關於生物多樣性的資料和知識，承認有必要使婦女充分參與各個層次的決策和實施。第十三條，呼籲促進和鼓勵通過教育，以了解保護生物多樣性的重要性。第十四條，要求各締約方盡可能適用適當的環境，來影響環境評估程序，必要時，允許公眾參與這樣的環評程序。

---

3. 筆者按：這裡指的是，前述的「宣言」或「決議」，Alexandre -Charles Kiss教授認為它們不具法律的拘束力，嚴格說Alexandre -Charles Kiss教授所說是正確的，但是我們還是要再加以深思。根據筆者參閱：杜蘅之，《國際法大綱》上冊，台北市：台灣商務印書館，1983年，修訂1版，頁124-128。由杜蘅之教授論述可知：國際宣言或國際組織之決議，對參與國而言，雖無嚴格的法律拘束力，但對這些參與國而言，還是有不能推卸之「合作」的法律義務。

   透過聯合國大會的決議，可使國際習慣形成的時間大為縮短。個別的決議、宣言或判斷對會員國並無拘束力，但重複的決議相當於國家實踐的重複。每一個決議被認為是個別參與國家的集體意志的表示，且較傳統的習慣形成方式更能快速與正確地表達國際社會的意志。所以此種創設習慣的方式，是介於以條約立法與傳統上習慣形成的程序之間。（丘宏達，《現代國際法》，台北市：三民書局股份有限公司，2006年，修訂2版1刷，頁105）聯合國以宣言(Declaration)方式作成的決議，可以被當作是經過《聯合國憲章》驗證的闡釋，或是當作現存慣例規則的闡釋，或是經過驗證的證據。即使未受限於絕對的法律意義，某些學者也將這些整體宣言當作一種「軟性法」(soft law)，或是如法語系國家的學者所說的「非正式規範」(*normes sauvages*)或「準法律」(*paradroit*)。（陳錦華譯（I. A. Shearer原著），《國際法》(Starke's International Law)，台北市：五南圖書出版股份有限公司，1999年，初版，頁66）

《生物多樣性公約》含糊地提到的資料，僅限於國家間的資料交換。第十四條 第(1)項(c)、(d)款規定，各國應在互惠的基礎上，就具有跨界後果的工程交換訊息，將危急和損害情況通知受影響國家。第十七條，則要求締約方促進有關保護和可持續利用生物多樣性的公開訊息的交流。公約沒有提及個人或非政府機構獲得訊息的狀況。

　　近年來通過的其他多邊條約，對公眾的知情權給予較廣泛的保障。如一九九二年《保護和利用跨界河流和國際湖泊的赫爾辛基公約》(***Protection et utilisation des cours d'eau transfrontières et des lacs internationaux de la Convention d'Helsinki***, Protection and use of transboundary rivers and international lakes of the Helsinki Convention)（第十六條）、一九九一年《在跨界背景下進行環境影響評估的埃斯波公約》(***Dans le contexte transfrontalier de la Convention d'Espoo sur l'évaluation des incidences environnementales***, In the cross-border context of the Espoo Convention on Environmental Impact Assessment)（第3條、第(8)項）、一九九二年《東北大西洋海洋環境保護公約》(***Atlantique Nord-Est Convention protection du milieu marin***, North-East Atlantic Marine Environment Protection Convention)（第九條）。後者要求各締約國確保其主管機構，使提出合理請求的自然人和法人獲得相關訊息，請求人無須證明其利益，無須繳納不合理的費用，請求應在兩個月內答覆。

　　區域條約對「知情權」和國家相應的義務，有不同的規定。歐洲國家受《歐洲人權公約》(***Convention européenne des droits de l'homme***, European Convention on Human Rights)第十條的約束，該條保證普遍「獲得訊息的自由」。可以這樣解釋：國家不得限制個人，獲得他人願意提供的訊息的權利。在歐共體(***La Communauté européenne***, European Community)內，「知情權」一般意味著個人有權被告知產品、生產過程與環境的相容性(***Compatibilité***, Compatibility)和它們對環境的影響，以及工業設施的情況。對於公眾的「知情權」有不同的具體指令(***Directive***, Directive)。

○ 國家不得限制個人，獲得他人願意提供的訊息的權利。

　　《里約熱內盧宣言》第十條原則承認公眾享有參與權。籌備里約熱內盧大會本身，就是鼓勵非政府組織(*les organisations non gouvernementales*, *ONG*； Non-governmental organizations, NGO)和各種經濟利益的代表參與共同決策的重要起步。與正式會議同時召開的「里約熱內盧全球論壇」(*Forum mondial à Rio de Janeiro*, Global Forum in Rio de Janeiro)，一個非政府組織的會議，表明世界公眾輿論支持保護全球生態系統。《里約熱內盧宣言》承認公眾輿論的重要性，而且，還強調公眾了解和參與處理環境問題的意義，包括婦女、青年和土著人的參與。此宣言中反映的「國際協商程序」(*Processus de consultation internationale*, International consultative process)的民主化(*Démocratisation*, Democratization)是「里約熱內盧大會」(*Conférence de Rio de Janeiro*, Rio de Janeiro Conference)的重要貢獻。

　　《二十一世紀議程》也強調公眾參與。文件的第三部分〈前言〉指出主要團體是「實現可持續發展的基本前提之一」。這些團體包括婦

女、青年、土著人、非政府組織、工人、工商界、科學家和農民。文件要求公眾參與環境影響評估程序和決策，尤其是那些個人和群體生活工作的社區的決策。

一九九一年《在跨界背景下進行環境影響評估的埃斯波公約》要求各國將可能造成跨界環境損害的活動通知公眾，並提供公眾參與環境影響評估機會。在對建議的活動作出最後決策時，國家應適當考慮環境影響評估狀況，包括受影響地區的個人的意見。

一九九一年《美國與加拿大關於空氣品質的協定》(*Les États-Unis et le Canada sur Accord sur la qualité de l'air*, The United States and Canada on Air Quality Agreement)增加了公眾參與的機會。此協定規定，雙方對幫助實施協定而設立的「空氣品質委員會」(*Comité de la qualité de l'air*, Air Quality Committee)提交的每個報告。預先成立的國際聯合委員會(*Commission mixte internationale*, International Joint Commission)應通過公共聽證會予以環境評估。公眾的綜合意見應提交給雙方，並根據其所要求的建議作出紀錄。雙方同意對報告內容進行協商。雙方還應在協定實施過程中與中央或地方政府、有關組織及公眾進行協商。

一九九八年六月二十五日，聯合國歐洲經濟理事會（*Nations Unies Commission économique pour l'Europe*，簡稱NUCEE；United Nations Economic Commission for Europe，簡稱UNECE）主持起草的《公眾在環境領域獲得信息、參與決策和訴諸司法的公約》(*L'accès du public à l'information dans le domaine de l'environnement, la participation au processus décisionnel et l'accès à la justice dans la Convention d'Aarhus*, Public access to information in the field of environment, participation in decision-making and Access to Justice in the Aarhus Convention)在奧胡斯(Aarhus)通過。這是目前將「環境權」具體化的、最完善的條約。

問題與討論

1. 何謂「人類中心主義」？

2. 何謂「生態中心主義」？

3. 試簡述「環境公平」之概念？

4. 國際環境法的終極目的為何？

5. 試簡述「環境權」之意義。

新文京開發出版股份有限公司

NEW
WCDP

新世紀‧新視野‧新文京 ─ 精選教科書‧考試用書‧專業參考書